仁智的乐趣
山水泉石

董天策 著

北京出版集团公司
文津出版社

图书在版编目（CIP）数据

仁智的乐趣：山水泉石／董天策著．—北京：文津出版社，2013.4

ISBN 978-7-80554-583-7

Ⅰ．①仁… Ⅱ．①董… Ⅲ．①审美文化—中国—通俗读物 Ⅳ．①B83-092

中国版本图书馆CIP数据核字（2013）第018832号

仁智的乐趣
山水泉石
RENZHI DE LEQU
董天策 著

*

北京出版集团公司 出版
文 津 出 版 社
（北京北三环中路6号）
邮政编码：100120

网　址：www.bph.com.cn
北京出版集团公司总发行
新 华 书 店 总 经 销
北京溢漾印刷有限公司印刷

*

787毫米×1092毫米　16开本　13.75印张　130千字
2013年4月第1版　2013年4月第1次印刷
ISBN 978-7-80554-583-7
定价：30.00元
质量监督电话：010-58572393

前 言

仁者乐山，智者乐水

在人与山水自然的相互作用过程中，中国历代文人士大夫创造了独具特色的山水文化，极大地丰富了中国风雅文化的内涵。

中国疆域辽阔，山河壮丽，美不胜收，不仅为炎黄子孙提供了强大的物质生活基础，而且还提供了丰富的精神生活食粮。早在两千五百年前，孔子就意味深长地说："知者乐水，仁者乐山。"

"知者"即"智者"，就是智慧之人；"仁者"则是仁义之人。为什么说"知者乐水，仁者乐山"？《论语·雍也》接下来写道："知者动，仁者静。知者乐，仁者寿。"这似乎在作解释，但意思仍不够显豁。所以后人又加以解释说："知者达于事理，而周流无滞，有似于水，故乐水。仁者安于义理，而厚重不迁，有似于山，故乐山。"（朱熹《论语集注》卷三）原来，因智慧而超脱的人像流动的水一样快乐，信奉仁义道德的人像沉静的山一样恒久。换言之，仁者、智者的品德情操与山水的自然特征和规律性具有某种类似性，因而产生乐山乐水之情。

孔子虽然把仁、智的乐山、乐水分开来说，但山水本来就密不可分，仁智也具有内在联系，因而后世文人士大夫在乐山乐水的时候，并不理会仁智之别，更不论山水之异，总是完完全全地拥有山水自然，浑融无碍地享受山水之乐。

山水之乐，乐在何处？在一般人的直觉中，山水之乐就是游山玩水之乐。的确，"古往"有文人士大夫登临览胜的传统，"今来"有国内外人士回归自然、旅游天下的时尚。首先想到山水游玩也很自然。不过，倘若全面地考察古代文人士大夫与山水自然的关系，我们就会发现，仁者智者的乐山乐水有着更深更广的文化意蕴。

在老子和庄子那里，清幽宁静的山水自然是抗拒纷争动荡的现实社会的有力武器。深受老庄思想影响的文人学士纷纷高蹈出尘，栖处山林，借以保持自身人格的独立完善，激扬着一种隐逸生活情调。与此同时，在滚滚红尘中奔波忙碌的官僚士大夫，为了摆脱人世间的种种烦扰苦恼，也总是凭借着他们的政治地位与经济实力，大兴土木，"城市起山林"，建成美丽的园林居处环境，在享受世俗生活荣华富贵的同时，尽情享受着山水泉石的清幽雅致。这样一来，优游山水，寄情泉石，以获得至高无上的审美享受，就成为文人士大夫乐山乐水的应有之义。

"天下名山僧占多"，其实道士也同样占据名山大川。僧人道士如何占据山川名胜，不在我们的考察范围之内。但文人士大夫遨游山水的时候，也常常访道求仙、谒僧参禅，从而使文人士大夫的山水文化包含着一定的宗教内容。

山水自然除了供文人士大夫登临游赏和宗教体验而外，还是他们开阔眼界、陶冶情操、激励意志，以及进行艺术创作和科学考察的所在。因此，人类文化的创造过程在山水泉石中也得到了一定程度的体现。

在仁人志士眼中，山水自然还与个人遭遇、国家兴亡、世道沧桑存在着不可分割的密切联系，他们在关注大好河山的时候，往往注入了对社会、国家、人生、历史的深切情怀。于是，山水自然也因不断地被"人化"而显得异常博大。

如此看来，人间的真、善、美在文人士大夫与山水自然的关联中得到了充分体现。本书就是从不同角度、不同侧面去描述文人士大夫面临山水泉石之际的行为方式与精神追求，尽可能全面地展示山水泉石之中闪耀着真、善、美的仁智情趣。

目 录

前言 仁者乐山，智者乐水 /1

第一章 山林水泽中的隐逸高情 /1

    一 逍遥于天地之间 /2

    二 振衣千仞冈，濯足万里流 /9

    三 山中宰相与终南捷径 /16

    四 功成身自退，江湖别有天 /24

    五 桃花源：隐士的乐园 /29

第二章 让山水泉石与居处生活同在 /37

    一 园林：居处生活的理想王国 /38

    二 叠石疏泉，引来山水幽致 /48

    三 江山无限景，都聚一亭中 /58

第三章 登临览胜，其乐无穷 /69

    一 登山临水咏诗行 /70

    二 群聚兰坡，宴游雅集 /79

    三 不下堂筵，坐享泉壑 /90

第四章 求仙参禅，原来与山水之乐同趣 /99

    一 游仙其实是游山 /100

二　水流花放，悟彻慧通
　　——与山水浑然一体便是参禅 /108
三　一言道合，止于山亭三日
　　——交游僧道使名山更添风雅 /118

第五章　跋山涉水，求索真知 /129

一　投迹山水地，放情咏《离骚》
　　——读万卷书，行万里路 /130
二　搜尽奇峰打草稿 /136
三　人知游山乐，不知游山学
　　——游历名山大川与科学考察 /141

第六章　水驿山程与宦游情结 /151

一　多情自古伤离别，山为无色水呜咽 /152
二　山一程，水一程，何日是归程 /160
三　迁谪途中的深长悲慨 /168
四　一丘一壑也风流：仕宦失意时的追求 /175

第七章　浩歌慷慨山河颂 /183

一　戍守边关，捍卫壮丽河山 /184
二　山河破碎，志士悲伤 /191
三　待从头，收拾旧山河 /199
后　记 /208

第一章
山林水泽中的隐逸高情

在中国古代，文人士大夫的人生道路不外"出处"或者说"仕隐"两途。"出"是"出仕"，追求仕宦，出将入相，也即"仕"；"处"是"隐居"，退处山林，隐居求志，也即"隐"。由于种种原因，不少文人学士栖处山林，终生不仕；也有人先仕后隐，或先隐后仕；还有人时仕时隐，时隐时仕。不管怎样，历史上的文人学士在抛却仕宦、隐逸山林的过程中，却深刻地沟通了人与山水自然，使秀丽的山川、清幽的泉石折射出中国文化中特有的隐逸情趣。

一 逍遥于天地之间

两千多年以前，庄子在《让王》中写道：

> 舜以天下让善卷，善卷曰："余立于宇宙之中，冬日衣皮毛，夏日衣葛絺；春耕种，形足以劳动；秋收敛，身足以休食；日出而作，日入而息，逍遥于天地之间而心意自得。吾何以天下为哉！悲夫，子之不知余也！"遂不受。于是去而入深山，莫知其处。

这个故事是说，上古时代的圣明君主舜要把天下让给善卷，善卷却推辞不受，认为自己有衣有食，自行劳作，逍遥自在，日子过得很舒坦，哪里愿意劳心烦神去治理天下呢？于是遁入深山老林，去继续那逍遥于天地间的生活。

在庄子笔下，这个善卷是隐逸之士的典型。所谓隐逸之士，就是逃避现实，不要高官厚禄的人，有隐士、逸民、高人、处士等不同的称呼。善卷连天下都不要，显然是个大隐士。尽管其人其事是庄子虚构出来的寓言，却相当真实地表达了庄子的隐逸思想。

《庄子·秋水》中也有一个类似的故事：惠施做了魏国的相，庄子前去看望他。有人对惠施说：庄子这次来，是想取代您的相位。惠施听了很恐慌,在国都搜查了三天三夜,要捉拿庄子。庄子得知此事,感到可笑,对惠施说:您知道南方有一种名叫凤凰的鸟吗?这凤凰从南海出发,飞向北海,不是梧桐树不栖,不是洁净的果实不吃,不是甘美的泉水不喝。地上有只鸱鸟,正在大吃一只腐烂的老鼠,凤凰从天上飞过,鸱鸟担心它来争夺腐鼠,连忙仰头冲着凤凰大"喝"一声,想吓唬一下凤凰。眼下,您是想为了您的魏国相位而吓我吗?把这个故事与前面的故事相对照,就很清楚地表明庄子本人也正是善卷一类的隐士。

[明]戴进《溪边隐士图》

庄子,姓庄,名周。战国时蒙(今河南商丘东北)人,属宋国。生活年代大约在公元前369年到公元前286年之间。他曾一度做过蒙这个地方的漆园吏,不久即辞职归家。因家境贫穷,有时靠编织草鞋卖钱过日子,在揭不开锅时,曾向监河侯借过米。但庄子甘于贫困,对荣华富贵不屑一顾。一天,庄子在濮水钓鱼,楚王派大夫二人前往聘他为相,他手执钓竿头也不回,对来人说:我听说楚国有个神龟,死了三千年,楚王还把它的骨甲珍藏在庙堂上。请问,对于龟来说,它是愿意死去而使自己的骨甲得到楚王珍藏呢,还是宁愿活着拖着尾巴在泥水中爬行呢?楚国大夫说,当然宁愿活着能自由地爬来爬去啰。庄子就这样谢绝了楚王;

"我宁愿游戏于污渎之中自快,无为有国者所羁。终身不仕,以快吾志焉。"(《庄子·秋水》)

［宋］李唐《采薇图》

庄子为什么要追求逍遥自得的人生境界呢?答案深深地根植于当时的社会现实。《庄子·山木》说:魏王见庄子穿着破衣、破鞋,显得非常潦倒狼狈,就问:"您怎么这样穷愁潦倒啊?"庄子回答说:"处在一个上昏下乱的时代,怎么能不穷愁潦倒?"春秋战国之际,古代中国在政治、军事、经济、社会、文化等各个方面都处于剧烈变革的过程中,旧的秩序打破了,新的秩序尚未确立,整个社会动荡不安。面对这样的现实,"故全德之士,韬精保真,悟历数之在运,知存亡之匪人,将扶危而翼颠,犹一发之擢千钧,块壤之壅长津。所以守嘉遁之元吉,以少微之隐沦"(吴筠《逸人赋》)。如此,庄子以隐逸的方式养生适性,逍遥自得,追求个体生命的本体意蕴。所以每当社会现实动乱不安或是改朝换代之际,总是有大批的隐士出现。商周之交的伯夷、叔齐,秦末汉初的"商山四皓",西汉、东汉之交的严光,魏晋之际的"竹林七贤",齐梁之际的陶弘景,五代末年的陈抟……这些著名的隐士就是典型代表。

怎样才能"逍遥于天地之间"呢？不同时代，不同个人有其相应的隐逸方式。纵观三千年来隐士的所作所为就会发现，他们或栖处岩壑，或隐逸田园，或漫游江湖，或为僧为道，与山水泉石结下了不解之缘。

栖处岩壑，就是隐士逃往深山幽壑，湖畔溪侧，在那树林茂密、水波浩渺、没有多少人烟的地方居处下来。这是人们认为最高尚的隐逸方式，也是很多隐逸之士选择的生活方式。从上古到魏晋，隐逸山泽之人多半过着岩居穴处的简陋生活。《庄子·达生》中说，"鲁有单豹者，岩居而水饮，不与民共种"。皇甫谧《高士传·老莱子传》载，老莱子"莞葭为墙，蓬蒿为室，枝木为床，蓍艾为席"。《后汉书·逸民传》载，东汉时，台佟"隐于武安山，凿穴为居，采药自业"；矫慎"少好黄老，隐遁山谷，因穴为室"。《晋书·隐逸传》载，晋时，张忠隐于泰山，"其居依崇岩幽谷，凿地为窟室，弟子亦窟居"；公孙凤隐于九城山谷，"冬衣单布，寝处土床，夏则并食于器，伫令臭败，然后食之，弹琴吟咏，陶然自得"。倘若以今天的眼光看，这样的岩居穴处哪里谈得上什么"逍遥"，简直是"苦行僧"了。不过，当时的隐士倒是以这样的清贫为高雅，的确能够泰然处之。正如宋人罗与之在《雪坡小稿》中所吟咏的那样：

才难济世甘避世，心不愁天唯乐天。
林下山间深密处，曲肱饮水兴悠然。

归隐田园，就是隐居于田园山水。早在孔子的时代，就有长沮、桀溺以躬耕于田亩之中为隐。诸葛亮隐居南阳，"躬耕陇亩，好为《梁父吟》"（《三国志·诸葛亮传》）。陶渊明弃官归隐，"方宅十余亩，草屋八九间。榆柳荫后檐，桃柳罗堂前"（《归田园居五首》其一），好不自在洒脱。魏野隐居田园，"手植竹树，清泉环绕，旁对云山，景趣幽绝，凿土袤丈，日乐洞天。前为草堂，弹琴其中。好事者多载以酒从之游，啸咏终日"（《宋史·魏野传》）。

汉代以后出现了一种新的隐逸方式，这就是漫游江湖。如姜肱"隐身避命，远浮海滨"（《后汉书·姜肱传》）；宗炳"好山水，爱远游。西涉荆巫，南登衡岳"（《宋书·宗炳传》）；宗测"好山水，游山时唯以《老子》《庄子》自随"（《南齐书·宗测传》）；戴复古"南适瓯闽，北窥吴越，上会稽，绝重江，浮彭蠡，泛洞庭，望匡庐、五老、九嶷诸峰，然后放于淮泗，归老委羽之下"（毛晋《石屏词跋》）。

六朝以后，随着佛教和道教的兴盛，以僧道为隐又成为一种新的风尚。僧道栖于山林，没有官职，不侍王侯，本来就有几分像隐士。"地形各占幽深境，天产俱为散逸才"，魏野《书润师白莲堂》中的这两句诗，准确地概括了隐士与僧道的共同之处。齐梁之际的陶弘景是当时道教领袖，《南史》让他入《隐士传》；五代末宋代初的陈抟是著名道士，《宋史》让他入《隐逸传》，都认为他们是真正的隐士，是一种穿着缁衣的隐士。智圆自称中庸子，他买杭州孤山夕阳之坡的玛瑙禅院作为自己隐居的地方，经门人浩才主持重建，具有"楼台亭阁，泉石翠竹"之盛（智圆《闲居编》卷一三《玛瑙重结大界记》），与俗家隐士的隐居并无二致。他在《贫居赋》（《闲居编》卷三）中这样表述其生活和思想：

> 荒径草深兮衡门长扃，坏壁虫响兮幽砌苔青。馆粥糊口兮吟咏适情，行披百氏兮坐拥六经，穷困而通兮盘桓居贞。嗟乎薄徒兮附势尚声，奔走要路兮骑非衣轻，宴安华居兮狼心豕形。岂思止足兮安戒满盈，名随身没兮祸逐贪生。焉知忠士守仁义，箪食瓢饮不改其乐兮，垂万世之令名哉。

对薄徒的斥责和自己安贫乐道的表白，正是十足的隐士思想。智圆的这番表白，完全像出自一位俗家隐士之口。可以这样说，智圆是戴着黄冠的隐士。宋代杭州孤山有六人隐居，除林逋一人是俗家之外，其余五人都是和尚（智圆《孤山述》，《闲居编》卷一六）。

在中国古代，一个人一旦或栖处岩壑，或归隐田园，或漫游江湖，或隐于僧道，就从现实社会中超脱出来，就摆脱了君臣关系的约束，摆脱了名缰利锁的羁绊，就可以"不事王侯，高尚其事"，在天下地上做个逍遥自在的人了。

"逍遥"最基本的含义就是优游自得，就是在没有任何外界压力的情况下，随心所欲地做一些让自己感到快乐舒适的事情。倘若什么事都不做，也会闷得发慌，闲得无聊，是根本谈不上什么逍遥的。那么，隐逸之士都干些什么呢？吕南公在《豫亭诗序》中曾说：

> 吾韝有禽，吾樽有酒，吾丝竹有音，吾架有书，吾壁有琴，吾局有棋，吾园有花木，吾池有鱼。可寄，可醉，可听，可读，可弹，可弈，可玩，可钓。无非乐事。

吕南公列出了隐逸逍遥的种种乐趣。倘若细论，这张逸乐"清单"上还可以增补若干名目。譬如，有山可樵，有水可渔，有泉可茗，有石可赏，有诗可吟，有画可绘，有药可采，有丹可炼，有兽可驯，有禽可养，有友可交，有道可论，有禅可参，有理可悟，等等，真是不一而足。

当然，任何一个隐逸之士都难把如此丰富多彩的隐逸乐趣享受殆尽，只能根据自己的实际情况选择其中诸端加以享受。实际上，也只要享有数端，也就足以逍遥于天地之间了。请看：

庄子隐居在家，以著述为事，"著书十余万言"（《史记·老庄申韩列传》），为我们留下一部汪洋恣肆、妙趣横生的《庄子》；

郑子真"修身自保，非其服弗服，非其食弗食"，躬耕于谷口岩石之下（《汉书·王贡两龚鲍传》）；

梁鸿隐居霸陵山中，"以耕织为业，咏诗书弹琴以自娱"（《后汉书·梁鸿传》）；

严光与汉光武帝刘秀同学，光武即位，他变换姓名，身披羊裘，垂钓泽中七里滩（《后汉书·严光传》）；

董景道东汉永平年间"知天下将乱，隐于商洛山，衣木叶，食树

果,弹琴歌啸以自娱"(《晋书·董景道传》);

庞公,"居岘山之南,未尝入城府",不愿出仕,后来"携其妻子登鹿门山,因来约不返"(《后汉书·庞公传》);

嵇康居山阴,与阮籍、山涛、向秀、刘伶、阮咸、王戎,"常集于竹林之下,肆意酣畅,故世谓竹林七贤"(《世说新语·任诞》);

刘伶,"常乘鹿车,携一壶酒,使人荷锸而随之。谓曰:'死便埋我'"(《晋书·刘伶传》);

支遁因人就深公,买印山而隐居,好不逍遥(《世说新语·排调》);

陶炎,"颇好读《易》,善卜筮",在长沙临湘山中结庐隐居,"养一白鹿以自偶"(《晋书·陶炎传》);

陶渊明隐居在家,"五六月中北窗下卧,遇凉风暂至,自谓羲皇上人"(陶潜《与子俨等疏》);

"宗炳、王微,皆拟迹巢由,放情林壑,与琴酒而俱适,纵烟霞而独往"(张彦远《历代名画记》);

孔淳之,"性好山水,每有所游,必穷幽峻,或旬日忘归"(《南史·孔淳之传》);

刘凝之,"携妻子泛江河,隐居衡山之阳","采药服食,妻子皆从其志"(《南史·刘凝之传》);

[清] 禹之鼎《幽篁坐啸图》

[元] 刘贯道《梦蝶图》

朱百年,"少有高情,亲亡服阕,携妻孔氏入会稽南山,以伐樵采箬为业"(《南史·朱百年传》);

沈麟,"织帘诵书,口手不息","隐居馀干吴差山,讲经教授,从学者数百人"(《南史·沈麟士传》);

林逋,"结庐西湖孤山","所居多植梅畜鹤,泛舟湖中,客至则放鹤致之,因谓梅妻鹤子云"(吕留良等《宋诗钞·林和靖诗钞序》);

……

类似的例子,实在举不胜举。逸人高士能够如此崇拜自然,蔑视权贵,徜徉高蹈,飘然出尘,获得生命本体与个体精神的自由,确乎是"逍遥于天地之间而心意自得"。

二 振衣千仞冈,濯足万里流

隐逸之士看起来"遗世而独立",不关心社会治乱,不理会功名利禄,大有不食人间烟火的味道。事实上,除一部分反感官场,不愿仕宦,企图明哲保身、平平安安、悠悠闲闲地过一生的老庄之徒而外,不少人是由于追求仕宦不得才愤而转向山林的。所谓"振衣千仞冈,濯足万里流"的呼唤和实践，就集中体现了中国隐逸文化的这一侧面。

"振衣千仞冈，濯足万里流"是左思《咏史》（其五）的名句。

［清］ 金廷标《竹溪六逸图》

左思，字太冲，齐国临淄（今山东淄博市东）人，出身寒门，少年时代在其父左熹的激励下勤奋学习，颇擅文辞。泰始八年（272年），左思二十岁，因其妹左棻被选入宫中而移家洛阳。左思自恃才高，又与皇帝攀上了亲戚，产生了"梦想骋良图"（《咏史》之一）的幻想，希望能得到重用。然而，当时正是以司马氏为代表的世族地主当权的时代。自曹魏建立"九品中正"制以后，已逐渐形成根深蒂固的世族门阀制度，出现"上品无寒门，下品无世族"（《晋书·刘毅传》）的局面。世族与寒门，不仅等级森严，而且这种等级在很大程度上具有世袭性，窃居要位的，"非公侯之子孙，则当涂（引者注：指当权者）之昆弟"（《晋书·段灼传》）。出身寒门的左思自然难得重用，只得到秘书郎这样的闲散之职，根本不可能实现他"左眄澄江湘，右盼定羌胡"（《咏史》之一）的壮志理想。面对这种残酷无情的现实，左思《咏史》（之二）愤懑地写道：

郁郁涧底松，离离山上苗。
以彼径寸茎，荫世百尺条。
世胄蹑高位，英俊沉下僚。
地势使之然，由来非一朝。

金张籍旧业,七叶珥汉貂。
冯公岂不伟,白首不见招。

诗人用比兴的手法、贴切的比喻,形象地揭露了"世胄蹑高位,英俊沉下僚"的不合理现实,将汉代金日䃅、张汤的世居高位与冯唐的白首屈居郎署相对比,以古喻今,愤慨地批判了门阀制度。然而,现实毕竟是现实,愤激之余,也无可奈何,只好"被褐出阊阖,高步追许由。振衣千仞冈,濯足万里流",在晚年辞官归隐,退居宜春里,研读典籍,潜心著述。

魏晋门阀制度压抑人才,使真正的人才难以脱颖而出,是与当时的黑暗现实分不开的。即使在比较开明的时代,由于本质依然是封建专制,一些看起来为统治者赏识的人才也往往得不到真正的重用。

唐代大诗人李白少年时代就有建功立业的政治抱负,自称要"申管晏之谈,谋帝王之术,奋其智能,愿为辅弼,使寰区大定,海县清一"(《代寿山答孟少府移文书》)。但他又不愿像一般士人那样参加科举,取得官位,而是企图通过隐居山林和结交名流来培植声誉,获得帝王赏识,不依常例擢用。天宝元年(742 年),由于玉真公主等人的推荐,以及贺知章呼之为"谪仙人"的揄扬,李白被玄宗召入长安,供奉于翰林院。按照唐朝的制度,皇帝身边必有文词经学之士,下至医卜伎术之流,

[宋]梁楷《太白行吟图》

随时等待诏命,以备顾问。李白待诏翰林,起初也颇得礼遇,唐玄宗曾命他起草诏书,据说作过《和蕃书》《出师诏》。玄宗带着一大批妃嫔官员幸骊山温泉宫,李白也在侍从之列。李白天真地认为,"王公大人借颜色,金章紫绶来相趋"(《驾去温泉宫后赠杨山人》),不但以为自己可以平步青云,而且恃才傲物,保持其"平交王侯"的本色。这样,李白就难免招人忌恨,为谗言所毁。玄宗也不高兴,说"此人固穷相"(《酉阳杂俎》),"非廊庙器"(《本事诗》),打消了原先"以纶诰之任委之""许中书舍人"的念头。据《新唐书·李白传》记载,李白也自知不为亲近所容,更加狂放不羁,"与贺知章、李适之、汝阳王琎、崔宗之、苏晋、张旭、焦遂为饮中八仙,恳求还山"。唐玄宗也就顺水推舟,"赐金放还"。天宝三年(744年),李白又开始"浮游四方",高唱着"安能摧眉折腰事权贵,使我不得开心颜"(《梦游天姥吟留别》)的豪迈诗歌,漫游大江南北,访道求仙,栖隐山林,成为一个飘来荡去的湖山隐士。

与不得重用相比,科举失意则更加悲惨。不得重用还算步入了仕途,而科举失意则失去了仕进之门。所以,一些士人科场失利,就怏怏归隐山林。

唐代诗人孟浩然早年隐居鹿门山,闭门苦学,颇有才华。开元十六年(728年),孟浩然四十岁赴京师应举,结果却未考中。他在《岁暮归南山》中发出了这样的牢骚:"北阙休上书,南山归敝庐。不才明主弃,多病故人疏。

[元]倪瓒《六君子图》

[南唐] 董源《龙宿郊民图》

白发催人老,青阳逼岁除。"据《新唐书·孟浩然传》载,孟浩然被当时在集贤院任事的"(王)维私邀入内署。俄而玄宗至,浩然匿床下。维以实对,帝喜曰:'朕闻其人而来见也,何惧而匿!'诏浩然出。帝问其诗;浩然再拜,自诵所为。至'不才明主弃'之句,帝曰:'卿不求仕,而朕未尝弃卿,奈何诬我!'因放还。"孟浩然完全绝望,宣称

"吾道昧所适,驱车还向东。……拂衣从此去,高步蹑华嵩。"(《京还留别新丰诸友》)长期在吴越漫游,继续他那"红颜弃轩冕,白首卧松云"(李白《赠孟浩然》)的隐逸生涯,"灌蔬艺竹,以全高尚"(王士源《孟浩然集序》)。

科举是隋唐以来文人入仕的基本途径。科举失意以后,士人通常归隐山林,终身不求入仕。《青箱杂记》卷一记载了这样一个故事。宋代吕蒙正、温仲舒和一位栖止于洛阳龙门读书的士人一起应考,三人考前都发誓说:"这次不中状元,一辈子不做官。"等到发榜,吕蒙正果然中了状元,温仲舒只中了甲科,他们两人都高高兴兴出仕,另一位士子却未考中,就如言拂衣归隐。吕蒙正后来当了宰相,举荐这位拂衣之士,朝廷以著作佐郎召,他不肯应诏,终身隐而不出。当然,也有人落第后放浪山水,伺机"东山再起"。明代著名散曲家冯惟敏于嘉靖十七年(1538年)春闱会试中落第归乡,就在四季如春、美景如画的海浮山下,冶水之上,修亭筑庐,逍遥自乐。冯氏《家传》说他"结茅冶水之居焉,放舟上下,浩歌自适,望之如神仙中人",度过长达二十五年的隐居生活。直到嘉靖四十一年(1562年),冯惟敏五十二岁才进京谒选,任涞水知县,开始十余年的仕宦生涯。

士人出仕,从理想上说是为施展才干,大逞宏图,上报朝廷,下济苍生。但现实并非如此顺人心意。冯惟敏出仕后,抱着"奉公守法""忘身许国"的志向,企图实现自己"修政安民"的政治抱负,惩办掠地扰民的豪富,结果却受到当权者的排挤,第二年就被贬谪为镇江府学教授,后又迁保定府通判、鲁王府官等,皆官小事杂,很不得志。隆庆六年(1572年),他就弃职而归,筑"即江南"亭于冶源别墅,自称海浮山人,日与朋辈觞咏其间,亲散而终。特别是奸臣当道之际,仕人志士遭受排挤,更是在所难免,无可奈何之余只好归隐丘壑。

南宋名将韩世忠(1089—1151年),字良臣,绥德(今属陕西)人。早年抵御西夏,抗击金兵,屡建战功。后随高宗南下,升到浙西制置使。建炎三年(1129年),金兵在兀术的率领下大举南侵,渡过长江。次年,韩世忠率领八千人马乘海船至镇江,扼守长江,绝其归路,转战黄天荡（江苏南京附近），相持四十天，大败金兵，力挫其嚣张气焰。绍兴四年（1134年），韩世忠在从仪（江苏扬州西北）大破金朝与伪齐的联军，力谋恢复。但是，坐稳了"江山"的宋高宗只顾苟且偷安，任用主和派首领秦桧为宰相。绍兴九年（1139年），高宗、秦桧与金人议和，韩世忠多次上疏反对。次年，金兵进犯河南，抗金名将岳飞在郾城大败金军，收复郑州、洛阳等地。高宗、秦桧却令其收兵，并以"莫须有"（也许有）的罪名将岳飞等抗战将领杀害。韩世忠愤然上疏，斥责秦桧误国，并以岳飞冤狱当面诘问秦桧。结果，计谋不为朝廷所用，正义难以伸张，韩世忠只有解甲归田。《宋史》记载，绍兴十一年（1141年），解去兵权后，韩世忠"杜门谢客，绝口不言兵，时跨驴携酒，从一二奚童子，纵游西湖以自乐，平时将佐罕得见其面"，"卧家凡十年，淡然自如，若未尝有权位者"。

权奸误国，势必使国势日益衰颓，朝廷日益昏乱，从而迫使一些仁人志士报国无门而归隐山水。东汉后期，由于"阉竖擅恣，故俗以遁身矫洁放言为高"（《后汉书·荀韩钟陈列传》）。据《后汉书·徐穉传》记载，徐穉隐居不出，士大夫领袖郭林宗叫茅容去劝告他出山，徐穉却对茅容说："为我谢郭林宗，大树将颠，非一绳所维，何为栖栖不遑宁处？"坚决不肯出仕，宁愿栖处山林。当然，在这种情况下归隐山林的人，内心深处往往相当沉郁。《独醒杂志》卷七记载，南宋绍兴年间，在吴江长桥上出现一首《水调歌头》，其词曰：

  平生太湖上，来往几经过。如今重到何事，愁与水云多。拟把匣中长剑，换取扁舟一叶，归去老渔蓑。银艾非吾事，丘壑漫蹉跎。

  脍新鲈，斟碧酒，起悲歌。太平生长，不谓今日识干戈。欲卷三江雪浪，静洗红尘千里，不用挽天河。回首望霄汉，双泪堕清波。

全词表现了宋朝南渡之初作者忧国忧民的襟抱，同时也披露了作者报国无门，只有归隐山林的沉郁心情。

元代隐士辛愿曾对一位做官的朋友说："王侯将相，人所共嗜者。圣人有以得之亦不避。然得之不以道，与夫居之不能行己之志，是欲澡其身而伏于厕也。"（刘祁《归潜志》卷二）由于种种现实原因而走上"振衣千仞冈，濯足万里流"道路的士大夫，正是"居之不能行己之志"的隐逸者。他们本来秉承孔孟儒家入仕的精神，渴望建功立业以求不朽。奈何生不逢时，在不合理的现实面前不得不远隐高蹈，以抗拒现实的污浊，保持自身人格的清高与独立。

三　山中宰相与终南捷径

尽管"隐"的基本内涵是不入仕途，但深受孔孟儒教浸染的文人学士却很难真正做到像老、庄之徒那样决然遗世，"独与天地精神相往来"，何况不少人是由于求仕不得而后归隐的，更是难以真正泯灭其入仕的情怀。于是，隐逸山林而又关注现实，甚至以隐逸作为求仕的手段，就成为秦汉以来历代隐士的流风雅韵。

北宋名相富弼过箕山望颍水，曾写下一首诗，歌咏许由的隐居，诗云："先生尝此傲明时，绿岫清波万古奇。应有好名心未息，滩头洗耳欲人知。"（高晦叟《珍席放谈》卷下）相传许由是尧时的高隐，富弼却认为许由是为名而隐，这个见解很精辟，但并不新鲜，因为与许由同时的巢父就认为许由是为名而隐。据说尧想召许由为九州长，许由听说以后，跑到颍水之滨洗耳。恰逢巢父牵着牛犊来饮水，巢父问许由为什么洗耳。许由回答："尧欲召我为九州长，恶闻其声，是故洗耳。"巢父说："子若处高岸深谷，人道不通，谁能见子？子故浮游，欲闻求其名誉，污吾犊口！"（《史记正义》引皇甫谧《高士传》）说完，巢父牵着牛犊到上游饮水去了。

为什么隐逸反而求得名誉呢？原来，先秦时代的隐士叫"逸民"，本是失去了封地的人。在这些"遗佚"的人当中，不少有才能，帝王都注重罗致他们来辅佐天下。据说，夏商之交的伊尹是著名的隐士，商王"汤使人近之"，前后跑了五次才肯出仕，辅佐商汤（《史记·殷本纪》）。而商周之际的吕尚（即姜太公）因穷困年老，垂钓于渭滨磻溪，周文王打猎与他相遇，谈得极为投机，就

[清] 黄慎《商山四皓》

"载与归，立为师"（《史记·齐太公世家》）。后来吕尚帮助武王伐纣灭殷，建立周朝。在后代世人心目中，夏、商、周三代是文明的典范。所以后世统治者都要以周文王为榜样，广求在野的"遗贤"来为其服务。刘备"三顾茅庐"，请隐居在南阳的卧龙诸葛亮出山，辅佐他成就帝业，就是国人最熟悉的例子。由此可见，隐逸自然也就可以博得高名。汉代赵岐（初名嘉）三十多岁患重病，卧床七年，怕一病不起，将身后之事托付给侄儿，说："大丈夫生，遁无箕山之操，仕无伊（尹）吕（尚）之勋，天不我与，复何言哉！可立一圆石于吾墓前，刻之曰：'汉有逸人，姓赵名嘉。有志无时，命也，奈何！'"（《后汉书·赵岐传》）赵岐的话，表现出强烈的以隐求名的思想。

一个人一旦有名，就可为时人所推崇，就可为君王所访求。秦始皇时，河内的东园公、角里先生、绮里季、夏黄公四人，"皆修道洁己，非义不动"，看到秦政残暴，"乃共入商雒隐地肺山，以待天下定"。汉高祖刘邦平定天下，征召这四位德高望重的老者来辅佐其基业。商山四皓却"深自匿终南山"，不肯屈就（皇甫谧《高士传》）。后来汉高祖打算另立太子，张良为吕后谋划，请出四皓从太子侍宴。当时四人"年皆八十有余，须眉皓白，衣冠甚伟"，高祖见状，心想太子能够有连他都请不动的四皓辅佐，羽翼已经丰满，也就不敢改弦易辙了。

商山四皓从太子侍宴也表明，隐逸之士并没有真正忘却人世。他们虽然缄口不谈世事，却暗中注视着朝廷的风云变幻，注视着社会的发展动向，只要他们认为能够有助于"正道""王化"，能够实现自己的壮志理想，他们是可以从幕后走上前台的。东晋时，谢安初为著作佐郎，因病辞官，隐居东山，朝廷多次征召，他都不为所动。当时人们议论说，"安石不肯出，将如苍生何？"（《世说新语·排调》）也许正是为了大济苍生，谢安四十岁时终于出山，担任征西大将军桓温的司马，从此走上仕宦的道路，成为东晋的一代名臣。

当然，也有人始终不出山，却要对现实政治进行远距离的干预。"山中宰相"陶弘景就是典型。

陶弘景，字通明，丹阳秣陵（今南京）人。早年仕齐，拜为左卫殿中将军。永明十年（492年）"挂衣神武门"，辞去官职，隐居句曲山（茅山）。《南史·陶弘景传》说他隐居以后"遍历名山，寻访仙药。身既轻捷，性爱山水，每经涧谷，必坐卧其间，吟咏盘桓，不能已已"。在茅山，他修道炼丹，成为南朝道教领袖。但是，陶弘景又不安心于隐居修道，时有参与现实政治的冲动。南齐末年为歌曰"水丑木"，暗成"梁"字；等到梁武帝代齐而立，又援引图谶，数处皆成"梁"字，令弟子进之。这显然是曲意逢迎，讨好梁武帝。当梁武帝"手敕招之，锡以鹿皮巾"，他却又不肯出仕。后来，梁武帝多次加以礼聘，陶弘

[清] 赵澄鉴《山中宰相图》

景仍就不肯做官,只画了一幅画送给梁武帝。画面上有两头牛,一头牛散放在山泽水草之间,优游自在,一头牛则被套上了金笼头,有人用绳牵着,用杖驱打。在陶弘景看来,出仕受到拘束,隐居则逍遥自在,自己当然愿过隐居生活。梁武帝也明白他的意思,不再加以征召。然而,"国家每有吉凶征讨大事,无不前以咨询。月中常有数信,时人谓之'山中宰相'"(《南史·陶弘景传》)。

既然隐逸高蹈于山林可以博得高名,可以为世看重,可以为君征辟,甚至可以为"山中宰相",无形之中便使隐逸成为士人的入仕阶梯。《大唐新语·隐逸》记载了广为人知的一段话:

> 卢藏用始隐于终南山中,中宗朝累居要职。有道士司马承祯者,睿宗遣至京,将还。藏用指南山谓之曰:"此中有佳处,何必在远?"承祯徐答曰:"以仆所观,乃仕宦捷径耳。"

这就是所谓的"终南捷径"。《旧唐书·卢藏用传》称他"往来于少室、终南二山,时人称为'随驾隐士'"。

在某种意义上,"终南捷径"是对隐士品行的反讽。然而在世俗社会,"终南捷径"又为初盛唐时代士大夫普遍推崇,他们胸怀坦荡地走着这条路子。王昌龄在《上李侍郎书》中就把"置身青山,俯饮白水,饱于道义,然后谒王公大人,以希大遇"(《全唐文》卷三三一)视为成规。李白"少与鲁中诸生孔巢父、韩准、裴政、张叔明、陶沔等隐于徂徕山,酣歌纵酒,时号'竹溪六逸'。天宝初,客游会稽,与道士吴筠隐于剡中。筠征赴阙,荐之于朝,与筠俱待诏翰林"(《旧唐书·李白传》)。房琯"少好学,风度沈整,以荫补弘文生。与吕向偕隐陆深山,十年不谐际人事。开元中,作《封禅书》,说宰相张说,说奇之,奏为校书郎"(《新唐书·房琯传》)。

"终南捷径"的形成,是与帝王对隐士的优渥礼遇和科举制度的推行分不开的。据刘肃《大唐新语·隐逸》记载,初盛唐时期的历朝帝王对隐士都恩宠有加,极力扶持奖掖。具体情形如何,且看《旧唐书·

田游岩传》中绘声绘色的记述：

> 田游岩，京兆三原人也。初补太学生，后罢归，游于太白山，每遇林泉合意，辄留连不能去……后入箕山，就许由庙东筑室而居，自称"许由东邻"。调露中，高宗幸嵩山，遣中书侍郎薛元超就问其母，游岩山衣田冠出拜。帝令左右扶止之，谓曰："先生养道山中，比得佳否？"游岩曰："臣泉石膏肓，烟霞痼疾，既逢圣代，幸得逍遥。"帝曰："朕今得卿，何异汉获四皓乎？"薛元超曰："汉高祖欲废嫡立庶，黄、绮方来，岂如陛下崇重隐沦，亲问岩穴。"帝甚欢，因将游岩就行宫，并家口给传乘赴都，授崇文馆学士……帝后将营奉天宫于嵩山，游岩旧宅先居宫侧，特令不毁，仍亲书题额悬其门曰："隐士田游岩宅"。文明中，进授朝散大夫，拜太子洗马……

［清］沈塘《匡庐读书图》

本是儒门弟子的田游岩，只因仕途一时困顿才换上山衣田冠，结果却得到高宗格外的礼遇，问候关照，加官晋爵，异乎常人。而朝廷也赢得"圣代"的美誉，真可谓皆大欢喜。

帝王之所以要礼遇和征召隐逸之士，用古人的话来说，就是为了"求草茅岩穴逸群之士，以辅翼明天子之化于尧舜之上"（智圆《代元上人上钱塘王给事书》，《闲居编》卷二四）。北宋元丰、元祐年间，隐

[明] 沈士充《寒塘渔艇图》

士张掞受到大臣推荐，却辞谢不起，孙觉、胡宗愈、范祖禹接二连三地上奏皇帝说："掞且死草莱，后世必认为朝廷失士。"显然，招徕网罗隐士，既可以使在野"遗贤"为帝王效力，加强其统治，葆固其基业，又可以赢得君主英明如尧舜、政通人和如三代的美名，统治者又何乐而不为呢？

与此同时，隋唐以降不断成熟完善的科举取士制度虽然为士人开辟一条相对公平合理的入仕之道，但是能够通过重重考试而博取功名的毕竟是凤毛麟角，许多才华横溢的士子在刻板的科举考试中往往落选。唐宋时的杜甫、韩愈、孟郊、李翱、李商隐、孙樵、郑谷、韩偓、苏洵、陆游等许多人都曾屡试不第，更多的人甚至考了一辈子也名落孙山。晚唐号称"三罗"的著名诗人罗隐、罗邺、罗虬，全都终身累试不第。罗隐原名罗横，很有点恃才自傲的"横"气，曾嘲笑朝廷权贵："是何朝官？我脚夹笔，亦可敌数辈！"（《北梦琐言》）然而命运却偏偏要同他开玩笑，竟然十次应试都未考中，只得愤然改名为"隐"："早知长如此，自是孤寒不合来！"（《丁亥岁作》）

即使考中进士的，官运亨通者也不太多，对于出身低微的士子来说更是如此。韩愈四考进士才及第，而吏部试后却久不得官，无可奈何之际又三次应吏部"宏词"科试，均落选，困守长安长达十年之久。他曾三次上书宰相恳求授官，在《上宰相书》中自述其遭遇："四举于礼部乃一得,三选于吏部卒无成。九品之位其可望?一亩之宫其可怀?遑遑乎四海无所归,恤恤乎饥不得食,寒不得衣,濒于死而益困,得其所者争笑之!忽将弃其旧而新是图,求老农老圃而师之。悼本志之变化,中夜涕泗交颐!"

面对科举入仕的困苦,那些胸怀壮志豪气冲天的才智之士,自然不愿循规蹈矩地走科举的路子,总是企盼着以隐逸获得高名,有朝一日被王公大臣举荐给皇帝,一步登天,为朝廷所重用,从而"致君尧舜","大济苍生"。前面提到的李白就是这样的一个典型,只不过李白这条道上走得并不顺利。

在"终南捷径"的道路上走得顺利的,除前面提到的卢藏用、田游岩而外,宋代的种放也很有代表性。

种放字明逸,河南洛阳人。少年时代即"往来嵩(山)华(山)间,慨然有山林意"。种放的几个兄长都入仕途,唯独种放在终南山结庐隐居,以讲习为业,并自称"退士"。他"幅巾短褐,负琴携壶,沂长溪,坐盘石,采山药以助饮,往往终日"(《宋史·种放传》)。宋太宗多次征召,都称病不就,声名更大。最后,太宗以重金殊礼把他请到朝廷,授以左司谏官职,赐给昭庆坊第一区宅第。宋真宗以谏议大夫召种放,种放入朝,以布衣礼相见。真宗待他非常亲切,与他一起登龙图阁,手挽种放而上,并对大臣说:"昔日明皇优李白,御手调羹,今朕以手援放登阁。"(王辟之《渑水燕谈录》卷五)从此,种放更是"屡至阙下,俄复还山"。他

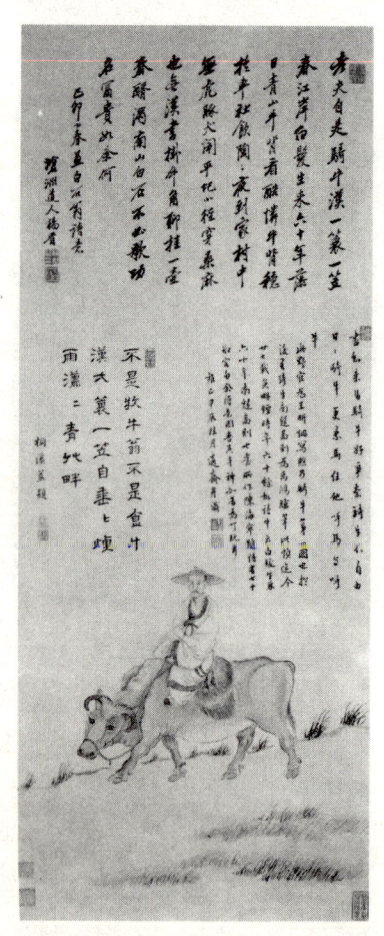

[清]杨晋《石谷骑牛图》

虽然标榜"学古嗜退，本求山水之乐"，却"于长安广置良田"，讲究舆服，每往来于终南山和朝廷的时候都是车马迎送。然而，种放仍不满足，又"为弟汶求官，即授秘书省正字"（《续资治通鉴》卷二十八"真宗大中祥符三年"）。这哪里还像一个真正的隐士！

种放"屡至阙下，俄复还山"的行径是值得注意的。明人袁宏道曾说："长安沙尘中，无不念荷叶山乔松古木也，因叹人生想念，未有了期。当其在荷叶山，唯以一见京师为快。寂寞之时，既想热闹；喧嚣之场，亦思闲静。人情大抵皆然。如猴子在树下，则思量树头果；及在树头，则又思量树下饭。往往复复，略无停刻，良亦苦矣。"（《袁宏道集笺校·兰泽、云泽两叔》）这一段话充分揭示了走"终南捷径"者的心态：既要拥有青山绿水的清静闲适，又要得到高官厚禄的荣华富贵。为了"鱼"和"熊掌"之兼得，他们便不得不在山林与庙堂之间奔来走去。

本来，隐士超脱于世俗之外，超脱于名利之外，以清心寡欲、宁静淡泊为宗旨。那些以隐居为仕宦捷径之辈，却脚踏青山而两眼暗中盯着禄位，满脑子名利思想却翘首蓝天白云，装出一副冰清玉洁、高蹈出尘的样子，难免不给人以投机取巧、隐德不纯的不良印象。所以不断有人指责假隐士的虚伪。赵德孺在《仲隐庵》中曾将假隐士与真隐士加以对比，指出假隐士钻营爵禄，钻营名利，并对假隐士加以嘲笑和鞭挞：

> 在昔避世贤，隐居岂自喜。
> 甘守西山饿，清洗颍阳耳。
> 一旦事高尚，万古激贪鄙。
> 孰谓乐山林，便可轻朝市？
> 窃笑效颦人，不知捧心美。
> 妄将凡庸姿，敢希明哲轨。
> 盗此嘉遁名，纷若干时子。
> 仕途指捷径，矫为污清史。
> 圣朝扬仄陋，采录无遐迩。
> 不遗不体荛，况乃中乡芑。

四　功成身自退，江湖别有天

宋人洪适说，"丘壑之士，久寂寞则起朝市之念；朝市之士，久喧嚣则怀丘壑之放"（《跋米元晖画二》，《盘洲集》卷六十二），可谓一语道破仕与隐可以相互转换的天机。如果说"终南捷径"是隐而仕的法门，那么"范蠡泛五湖"则是仕而隐的典范。

范蠡，字少伯，楚国宛（今河南南阳县）人，为春秋末期越国大夫。当越国为吴国所败，曾赴吴做了两年的人质。回国后，辅佐越王勾践发奋图强，终于消灭吴国。据《史记·货殖列传》记载，"范蠡既雪会稽之耻，乃喟然而叹曰：'计然之策七，越用其五而得意。既已施于国，吾欲用之家。'乃乘扁舟，浮于江湖，变名易姓，适齐为鸱夷子皮，之陶为朱公"。

为什么范蠡在帮助越王灭吴之后要改名换姓，乘舟泛湖而去呢？《史记·货殖列传》说他是为了用计然的计策去经商致富，所以后世以陶朱公形容人之富有。但是，《吴越春秋》卷十的记载却说，范蠡泛五湖之举，是因为他认为"越王为人长颈鸟喙，鹰视狼步，可与共患难而不可共处乐，可与履危而不可与安。"为了保全自身的安全，范蠡"乃乘舟出三江，入五湖，人莫知其所适"。后世士大夫一般都把《吴越春秋》的这个记载当成真实的历史加以咏叹，以寄托功成身退的理想。唐代以后，又衍生出范蠡载西施而泛舟五湖的传说，使范蠡的形象显得更加飘逸出尘。

从某种意义上说，《吴越春秋》的记载似乎更符合历史的逻辑。

春秋末期的思想家老子就极力倡导"功成身退"的人生哲学。《史记·老庄申韩列传》记载，老子，姓李，名耳，字聃，楚苦县（今河南鹿邑县）人，生活在春秋末期，年长于孔子，担任过东周王室的守藏之史（管理图书馆的史官）。由于王室内乱，老子避祸归隐，西行经过函谷关，关令尹喜得知他将归隐，就请老子把他的圣智之学写出来，于是老子著书五千言，分为上、下两篇。这就是流传后世的《道德经》，又称《老子》。然后，老子骑青牛出关，飘然而去，不知所终。

据说孔子三十四岁时曾向老子请教有关古礼的问题，老子却说："精明的商贾屯积居奇好像缺货，品德高尚之人则大智若愚。把你的骄气与多欲、态色与淫志统统去掉，这些东西对你都没有什么好处。"（《史记·老子韩非列传》）暂且不论这个记载的史实问题，拿《老子》来对照，这一番话倒是与老子一贯的思想相吻合。老子非常智慧地认识到，事物的存在如生死、损益、刚柔、强弱、祸福、荣辱、胜败、进退，等等，都是相互依存、相互转换、对立而统一的，因而主张人生在世，应当顺应自然，"生而不有，为而不恃，功成而不居"（《老子》二章），因为"功成、名遂、身退，天之道"（《老子》九章）。所以后世外儒内道的士大夫总是把功成名就而退隐山林视为人生的必然归宿。"功成不受爵，长揖归田庐"，左思《咏史》诗中这一名句，正是千百年来激荡在许多人心中的祈盼。

唐代诗人胡曾在《咏史·五湖》诗中说，"不知范蠡乘舟后，更有功臣继踵无。"诗人的问询，显系感慨之辞。沿着历史的轨迹追溯回去，就会发现不少历史人物在不同程度上实践着功成身退的人生模式。合于道家、儒家的风范，能够做到"功成身退"，入世而又出世，在南北朝就有不少。其中，梁武帝的名臣韦叡就是一个颇有代表性的人物。

据《梁书·韦叡传》记载，韦叡，字怀文，京兆杜陵人。他是汉丞相韦贤的后裔，系出名门世族，自少即受到他做郡守的伯父祖征的赏识，认为有"干国家，成功业"之才，齐末为上庸太守。生当齐末动乱之际，韦叡认为萧衍是命世之才，决计辅从，随之起兵，多建谋策，深得萧衍赏识。萧衍建立梁朝后，任豫州刺史。天监四年（505年），梁武帝决心北伐，韦叡奉命统率众军讨伐北魏。次年大破北魏军队，夺取合肥，建立奇功。韦叡素来体弱多病，虽在前线作战，也未尝骑马，只乘坐白木板战车，手执白如意，督励将士，大有诸葛亮纶巾羽扇、指挥若定的风神。平常与士卒同甘苦，极力爱护部下，令出必行，战无不胜。北魏军中有谣："不畏萧娘与吕姥，但畏合肥有韦虎。"

天监六年（507年），北魏中山王——元英率大军进犯钟离（今安徽凤阳东北）。梁武帝遣亲信曹景宗与韦叡会师，而且特别对景宗说："韦叡，卿之乡望，宜善敬之。"因此，曹景宗与韦叡齐心协力，同仇敌忾，大败魏军。每当战胜，景宗与其他将领都争相报功，独韦叡迟迟报告，不愿争功。一次，在庆祝胜利的宴会上，韦叡与景宗同席，酒酣兴浓，大家倡议赌钱来做余兴，约定以二十万为赌注。景宗一掷便输，韦叡赶紧把一张骰子翻转，变成景宗是赢家，自己还连声说：奇怪！奇怪！北伐胜利后，韦叡以战功加官晋爵，官至雍州刺史、护军将军。韦叡在功成之时，深自退让，并将历官所得禄赐分送亲朋故旧，家无余财。家居无事，以绘画课儿自娱，活到七十九岁。临死，吩咐只穿常服薄葬，以致梁武帝亲临恸哭，高度评价韦叡"功成身退"的一生。

严格说来，韦叡只是深谙退让之道，并不曾真正退隐。真正功成名就而退隐林泉的，元初的刘秉忠和明初的刘基更为典型。

刘秉忠，字仲晦，元邢州（今河北邢台）人。初名侃，少时出家为僧，法号子聪，拜官后更名秉忠。《元史·刘秉忠传》说他"生而风骨秀异，志气英爽不羁"。十七岁为邢台节度使府令史，不满意做掌管文书之类的刀笔吏，弃官隐居，出家为僧，法号子聪。后经海云禅师推荐，为忽必烈延作顾问。秉忠上书，细陈治国大计，深得忽必烈赏识，随忽必烈征讨大理、云南，献策颇多。忽必烈即位后，国家典章制度，刘秉忠都参与设计草定，"拜光禄大夫，位太保，参领中书省事"。刘秉忠曾经建议忽必烈取《易经》"大哉乾元"之意，将蒙古更名为"大元"，忽必烈加以采纳，这就是元王朝命名的由来。

作为开国功臣，刘秉忠"虽极人臣，而斋居蔬食，终日

［宋］佚名《柳塘呼犊》

澹然，不异平昔。自号藏春散人。每以吟咏自适"。他曾写《双调·蟾宫曲》四首，分咏春夏秋冬四时景色，曲末二句分别以"杜甫游春，散诞逍遥"，"右军观鹅，散诞逍遥"，"陶潜赏菊，散诞逍遥"，"浩然踏雪，散诞逍遥"作结，表现他建功立业后恬静自适、优游自在的退隐情调。所以到了生命的最后一刻，他能在上都南屏山的精舍里"无疾端坐而卒"。

令人遗憾的是，《元史·刘秉忠传》对刘秉忠退隐生活的记载相当简略，我们无法详见其"逍遥散诞"的风采。对比之下，《明史·刘基传》对刘基隐逸生活的描绘则相对详细。

刘基，字伯温，青田（今属浙江）人。少而好学，二十岁中元朝进士为官，不久弃官归隐，放浪于绍兴山水间，以诗文自娱。元至正二十年（1360年），朱元璋攻占浙东，刘基与宋濂等应朱元璋征召到南京，陈时务策十八款，奉劝朱元璋脱离韩林儿自立。其后七八年，刘基深为朱元璋倚重，参与军政机要，辅佐朱元璋击败陈友谅、张士诚等部，成为明朝开国元勋之一。洪武元年（1368年），拜御史中丞兼太史令。洪武三年（1370年），授弘文馆学士，封诚意伯。史称"（刘）基佐定天下，料事如神。性刚嫉恶，与物多忤"。洪武四年（1371年），因与左丞相胡惟庸交恶，被胡所谮，受朱元璋猜忌，赐归乡里。刘基"还隐山中，唯饮酒弈棋，口不言功"，闭门不出。青田县令求见不得，微服前来，以野逸之人的身份拜见刘基。当时刘基正在洗脚，"令从子引入茆舍"，烧火做饭，热情接待。这时县令以真实身份相告，刘基"惊起称民，谢去，终不复见"（《明史·刘基传》）。其隐逸高蹈如此。

当然，功成身退，逍遥山

［宋］李唐《策杖探梅图》

林江海，既可能是自觉自愿，也可能是为环境所迫、不得已而为之。王安石的退隐，就透露了个中信息。

王安石（1021—1086年），字介甫，祖籍江西临川。"少好读书"（《宋史·王安石传》），"自百家诸子之书，至于《难经》、《素问》、《本草》、诸小说，无所不读，农夫女工，无所不问"（《答曾子固书》）。十七八岁即以稷、契自命，志趣不同凡响。当时的北宋王朝踽踽步入中年，"积贫""积弱"，举步维艰。所谓积贫，即由冗官、冗兵所造成的国家财政困难，以及为解决财政困难而扩大赋敛所造成的民众贫穷；所谓积弱，即宋王朝对内日益不能控制兵变、民变，对外日益无力抵御辽、夏王朝的双重侵扰。在这样的情形下，若不进行大刀阔斧的改革，宋朝势必日益萎靡不振。庆历二年（1042年），王安石进士及第，从担任地方官开始，就积极进行力所能及的改革。嘉祐三年（1058年），王安石向仁宗皇帝上万言书，主张政治改革。由于仁宗已至垂暮之年，所提出的主张自然无法实现。宋神宗继位以后，锐意进取，熙宁二年（1069年）任命王安石为参知政事，次年拜相，进行"变法"，史称"熙宁变法"。

王安石积极推行青苗、均输、市易、免役、农田水利等一系列新法，抑制大官僚地主和豪商的特权，以期富国强兵。由于保守派顽固反对，新政的推行屡遭阻碍。熙宁七年（1074年），王安石辞相退隐；次年再拜相，九年再次辞罢，退居江宁（今江苏南京），隐居钟山，自号"半山"。由于在"熙宁变法"中多年拼搏而屡遭险阻，他只有高唱着"南望青山知不远，五湖春草入扁舟"的退隐之歌而作"圹浪游"了（《中年》）。平常，王安石乘着小驴，跟着几个小童出门游玩，遍历江宁一带的山水寺院，过着日与青山湖水相伴的隐逸生活，吟唱一些"雅丽精绝""脱去流俗"的山水小诗。

然而，王安石归隐，心情并不平静。他在《独归》一诗中写道："钟山独归雨微冥，稻畦夹岗半黄青。疲农心知水未足，看云倚木车不停。悲哉作劳亦已久，暮歌如哭难为听。而我官闲幸无事，北窗枕簟风冷冷。"现实的惨景撞击着他的心扉，王安石写下如此悲凉的诗句，真切地表现出一代政治改革家始终关心民间疾苦的现实情怀。及神宗病逝，保守派首领司马光在元祐元年（1086年）为相，全部废除新法，王安石闻之愕然失声："亦罢至此乎？"在万端感慨中含恨辞世。

可见，在那"功成身自退，江湖别有天"的隐逸逍遥中，不仅有高蹈出尘的闲适，更有不得已而为之的苦痛。世上的事情，本来就极其错综复杂。

五　桃花源：隐士的乐园

隐逸之士高蹈徜徉于山水林泉，一方面是对现实社会的逃避，一方面也是对动荡社会的抗拒，对黑暗现实的批判。无论从哪个方面讲，他们都需要一个终极理想。因为这个终极理想正是他们逍遥于天地之间的精神支柱，也是他们抗拒和批判现实社会的思想武器。

这个终极理想是什么呢？庄子曾提出"逍遥游"的理想。在惠施看来，庄子的言论"大而无用"，如同"其大本臃肿不中绳墨，其小枝卷曲而不中规矩"的大树一般。庄子反而对惠施说，"今子有大树，患其无用，何不树之于无何有之乡、广莫（同漠）之野，彷徨乎无为其侧，逍遥乎寝卧其下？"（《庄子·逍遥游》）庄子认为，漫步逍遥在那"无何有之乡"与"广漠之野"，人不仅获得了生命本体的独立自主，而且获得了精神意识的自由自在。《庄子·应帝王》中的那个"无名人"，就把"乘夫莽渺之鸟，以出六极之外，而游无何有之乡，以处圹垠之野"，作为自己的最高理想。深受庄子思想影响的阮籍和嵇康，也企图在宇宙间进行这种"逍遥游"。嵇康幻想"游八蛮，浮沧海，践河源……泊然纯素，从容纵肆，遗忘好恶，以天道为一指，不识品物之细故也"（《卜疑》）；"以道德为师友，玩阴阳之变化，得长生之永久。任自然以托身，并天地而不朽者"（《答向子期难〈养生〉》）。阮籍的理想更为缥缈，"居乎无室，出乎无门，齐万物之去留，随六气之虚盈，总玄纲于太极，托天一于寥廓"（《答伏羲书》）。

[明] 马轼 李在 夏芷《归去来兮图》(之三)

对于隐逸之士来说,这种"逍遥游"理想虽然能够"提升"他们的精神境界,毕竟太遥远,太虚无缥缈,太缺乏现实的接近性与亲切感。直到隐逸之风大为盛行的晋宋时代,陶渊明运用他的生花妙笔创造出"桃花源"的世界,才把隐逸之士的终极理想栩栩如生而又亲切自然地展示在人们的面前。

陶渊明,又名潜,字元亮,私谥靖节,别号五柳先生,浔阳柴桑(今江西九江西南)人。他生活在公元365—427年间,正是东晋、刘宋之交的大动乱时代。年轻的陶渊明曾怀着"大济于苍生"的壮志,二十九岁出仕,担任江州(今江西九江)祭酒(掌管教化的官)。但是现实政治的腐败和官场的丑恶,使他深感"有志不获骋"(《杂诗》),不久便回家闲居。以后又做过镇军参军、建威参军等地方军阀的幕僚,但任职不久又回家赋闲。刘宋义熙元年(405年)八月,陶渊明出任彭泽令,"以为三径之资"。十一月,"郡遣督邮至,县吏请曰:'应束带见之',渊明叹曰:'我岂能为五斗米折腰向乡里小儿!'即日解绶去职"(萧统《陶渊明传》),从此归隐田园。

陶渊明的隐居生活怎样呢?在即将离开彭泽登舟起程之前,他写了一篇《归去来辞》,对回家后的隐居生活作了这样的描绘:

> 三径就荒,松菊犹存。携幼入室,有酒盈樽。引壶觞以自酌,眄庭柯以怡颜。倚南窗以寄傲,审容膝之易安。园日涉以

成趣，门虽设而常关。策扶老以流憩，时矫首而遐观……怀良辰以孤往，或植杖而耘耔。登东皋以舒啸，临清流而赋诗。

永初三年（422年）春，陶渊明归隐已十六年，他写下著名的《桃花源记》：

晋太元中，武陵人捕鱼为业；缘溪行，忘路之远近。忽逢桃花林，夹岸数百步，中无杂树，芳草鲜美，落英缤纷。

渔人甚异之。复前行，欲穷其林。林尽水源，便得一山。山有小口，仿佛若有光，便舍船从口入。初极狭，才通人，复行数十步，豁然开朗。土地平旷，屋舍俨然，有良田，美池，桑竹之属。阡陌交通，鸡犬相闻。其中往来种作，男女衣著，悉如外人。黄发垂髫，并怡然自乐。见渔人，乃大惊，问所从来，具答之。便要还家，设酒、杀鸡作食。村中闻有此人，咸来问讯。自云先世避秦时乱，率妻子邑人来此绝境，不复出焉，遂与外人间隔。问今是何世，乃不知有汉，无论魏、晋。此人一一为具言所闻，皆叹惋。余人各复延至其家，皆出酒食。停数日，辞去。此中人语云："不足为外人道也。"既出，得其船，便扶向路，处处志之。及郡下，诣太守，说如此。太守即遣人随其往，寻向所志，遂迷，不复得路。

南阳刘子骥，高尚士也。闻之，欣然规往，未果，寻病

［清］袁耀《桃源图》（之二）

终。后遂无问津者。

在那桃花源里，环境优美，景物宜人，人人安居乐业，家家富足殷实，没有压迫，没有剥削，没有战乱，生活安定愉快，风气淳厚朴实，一切都那样自然、和谐、幸福、美满，多么令人陶醉啊！

比起陶渊明的"田园居"来，"桃花源"显然更加远离尘世。"世外桃源"这一成语就充分说明了这一点。但是，如果过分强调"世外"而割断它同现实社会的联系，就将是个不小的失误。陶渊明在文中明确说过，桃花源社会是由于"先世避秦时乱，率妻子邑人来此绝境，不复出焉"而形成的。事实上，这个"桃花源"正是现实社会的曲折反映。

东汉末年，社会动荡不安，战乱不时爆发。为了逃避兵灾战祸，常有人逃亡到深山老林去谋求生存。右北平无终人田畴逃到徐无山中，在幽深险绝之处找到一个平坦宽敞的地方定居下来，亲自耕种，以维持生计。老百姓陆续跟随而来，几年间就迁来五千多家，形成一个与世隔绝的小社会（见《三国志·田畴传》）。西晋末年，北方大乱，太尉郗鉴率领"千余家俱避难于鲁之峰山"（《晋书·郗鉴传》），过

［明］崔子忠《藏云图》

着与世隔绝的生活。在陶渊明所生活的晋宋时代，在他的家乡江州，也发生过类似的事情。当时任江州刺史的刘毅曾上奏朝廷，由于社会长期动荡不安，民不聊生，以至于"男不被养，女无匹对，逃亡去就，不避

幽深",情形相当严重（《晋书·刘毅传》）。与陶渊明同时而略晚的刘敬叔，在《异苑》中记载了这样一段故事："元嘉初，武陵蛮人射鹿，逐入石穴，才容人，蛮人入穴，见其旁有梯，因上梯。豁然开朗，桑果蔚然，行人翱翔，亦不以怪。此蛮于路砍树为记，其后茫然，无复仿佛。"

[清] 吴彬《桃源图》

正是现实社会中这些事件的触发，加上陶渊明隐居生活经验的积累，使陶渊明能够描绘出桃花源这样一个理想社会，以之作为抗拒丑恶现实的鲜明旗帜。

事实上，世外桃源的理想早在先秦就已萌发。在《诗经·魏风·硕鼠》中，魏人为了反对沉重苛捐杂税，毅然逃亡，幻想着逃到那"乐土""乐园"的自由天地：

> 逝将去女（同汝），适彼乐土。
> 乐土乐土，爰得我所。
> 逝将去女（同汝），适彼乐国。
> 乐国乐国，爰得我直。

魏人所向往的这个乐土乐国当然不会是域外文明，而只能是一个没有剥削压迫、办事公正的地方。在老子那里，这样的地方得到了极为生动形象的展示：在"小国寡民"的社会里，人们"甘其食，美其服，安其居，乐其俗，邻国相望，鸡犬之声相闻，民至老死，不相往来"

(《老子》八十章)。

　　陶渊明的"桃花源"是一种形象的展示，不是义理的陈述，对于凡事都尽量"诗化"的文人士大夫来说，具有更直接、更深切的感染力。特别是陶渊明本人就是隐居在田园的高尚之士，这就使桃花源成为垂范千古的一种理想典型，成为后世文人神往和吟咏的所在。

　　韩愈在《桃源图》诗中写道："武陵太守好事者，题封远寄南宫下。南宫先生忻得之，波涛入笔驱文辞。"这几句诗记载了这样一个事实：韩愈的朋友窦常（因历任朗、夔、江、抚四州刺史，相当于汉代的太守，故用武陵太守代指）得到无名氏根据陶渊明《桃花源记并诗》所作的桃源图，在图画上作了题记，然后把它寄给南宫先生卢汀。南宫，唐代指尚书省及其所属官署，因设在大明宫南而得名。卢汀历任虞部、司门、库部郎曹、中书舍人、给事中等职，故称南宫先生。卢汀接到窦常寄来桃源图，兴致盎然，又在上面题字，笔势变化起伏如波涛之汹涌翻腾。韩愈称赞道："文工画妙各臻极，异境恍惚移于斯。"意思是说，文字优美，图画高妙，都达到极点，

［明］仇英《桃源仙境图》

陶渊明所描绘的那个异乎寻常的世外桃源仿佛都移缩在《桃源图》中。尽管《桃源图》及其作者均佚，但是唐人这兴致勃勃的题画举动，不是形象地说明了后世对于桃源世界的神往吗？

　　至于把桃源世界为题材而加以吟咏，则是历代士大夫普遍感兴趣的

事情。吟咏诗篇之多,不能遍举。清人王士禛在《池北偶谈》中说:"唐宋以来,作《桃源行》最佳者,王摩诘(维)、韩退之(愈)、王介甫(安石)三篇。"现在就让我们来看一看其中被称为"古今咏桃源事者,至右丞而造极"(翁方纲《石洲诗话》)的《桃源行》:

渔舟逐水爱山春,两岸桃花夹去津。
坐看红树不知远,行尽青溪不见人。
山口潜行始隈隩,山开旷望旋平陆。
遥看一处攒云树,近入千家散花竹。
樵客初传汉姓名,居人未改秦衣服。
居人共住武陵源,还从物外起田园。
月明松下房栊静,日出云中鸡犬喧。
惊闻俗客争来集,竞引还家问都邑。
平民闾巷扫花开,薄暮渔樵乘水入。
初因避地去人间,及至成仙遂不还。
峡里谁知有人事,世中遥望空云山。
不疑灵境难闻见,尘心未尽思乡县。
出洞无论隔山水,辞家终拟长游衍。
自谓经过旧不迷,安知峰壑今来变。
当时只记入山深,青溪几度到云林。
春来遍是桃花水,不辨仙源何处寻。

除了加进一点神仙思想而外,王维的《桃源行》可以说深得陶渊明《桃花源记》的精髓和旨趣。

在现实社会动荡不安的时候,桃花源更是人们的精神避难所和批判现实社会的思想武器。南宋末年,康与之在《昨梦录》中记载的一个故事,就是一个形象的诠释。

[明]张鹏《渊明醉归图》

宣(和)政(和)年间，杨可试兄弟三人在西京洛阳山中，遇见一位老人，大家谈话投机。老人便劝他们兄弟"勿仕，隐去"。他们问何地可隐，老人就带他们来到一个大洞中。洞渐渐变小，走了三四步，洞又变宽。又走了三四十步，就走出洞外，到达这样一个天地：

> 田土，鸡犬，陶冶，居民，大聚落也。至一家，其人来迎，笑谓老人："久不来矣。"老人谓曰："此公欲来，能相容否？"对曰："此中地阔而居民鲜少，常欲人来居而不可得，敢不相容耶？"乃以酒相饮。酒味薄而醇，其香郁烈，人间所无。且杀鸡为黍，意极欢洽。语予曰："速来居此。不幸天下乱，以一丸泥封穴，则人何得而至！"又曰："此间居民虽异姓，然皆信厚和睦，同气不如也，故能同居。苟志趣不同，疑间争夺，则皆不愿其来。吾今观子神气骨相，非贵官即名士也。老人肯相引至此，则子必贤者矣。吾世间凡饮食、牛畜、丝纩、麻枲之属，皆不私藏，与众均之，故可同处。子果来，勿携金珠锦绣珍异等物，在此俱无用，且起争端，徒手而来可也。"指一家曰："彼来亦未久，有绮縠珠玑之属，众共焚之，所享者唯米薪鱼肉蔬果。此殊不阙也。唯计口授地以耕以蚕，不可取衣食于他人耳。"予谢而从之，又戒曰："子来或迟，则封穴矣。"

杨可试兄弟三人果然弃官来到这个与世隔绝的世外桃源隐居。北宋末年大乱，洞穴被封，世人再也找不到这个世外桃源。

这个记载到底有多少真实性，姑且存而不论。但它确实是隐逸思想的产物，仿佛陶渊明"桃花源"的姊妹篇，是"千古高情桃花源"的翻版。

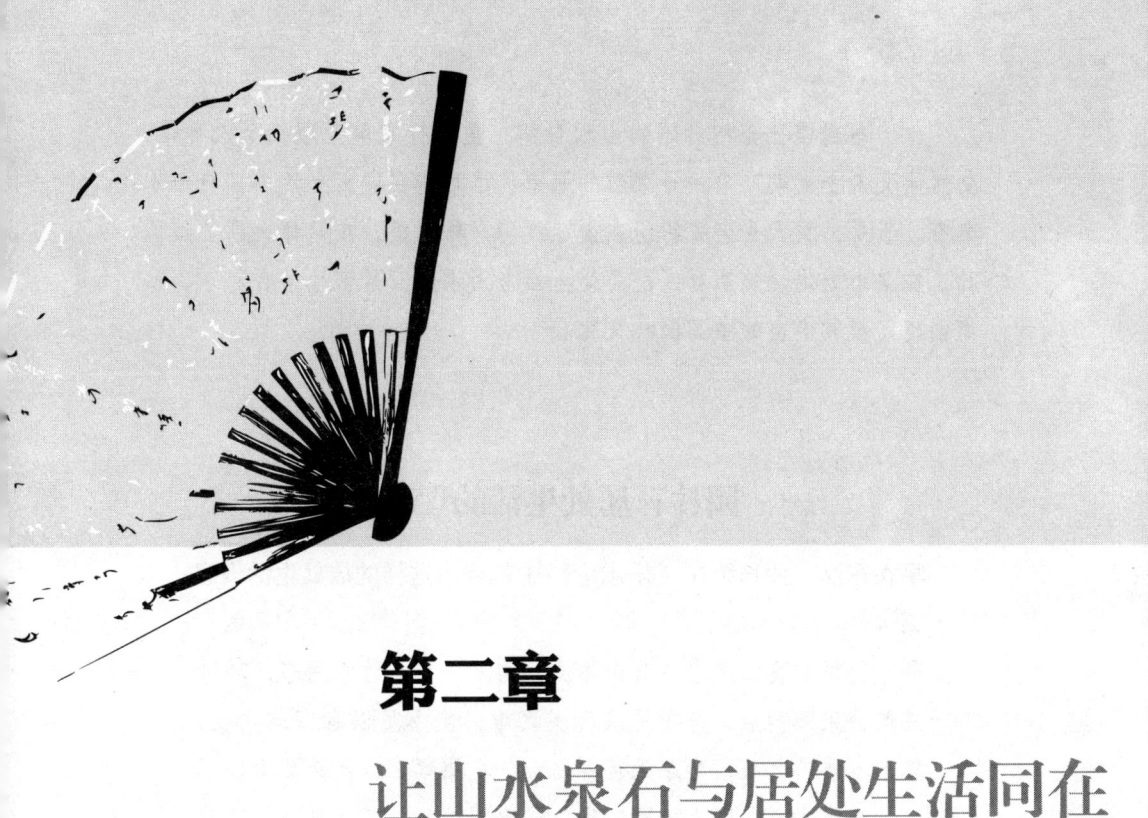

第二章
让山水泉石与居处生活同在

作为与现实社会相对照的山水自然，是那样完美无瑕，令人神往，必然使文人士大夫产生一种强烈的愿望：尽可能在现实生活中拥有山水泉石。于是，文人士大夫纷纷在山麓溪傍兴修别墅，在通都大邑营建园林，在名山大川修筑亭台，把居处生活与山水泉石紧密地结合起来，从而创建了极其丰富的中国园林文化。

一 园林：居处生活的理想王国

早在东汉，仲长统在《乐志论》中就提出这样的居处生活理想：

> 使居有良田广宅，背山临流，沟池环市，竹木周布，场圃筑前，果园树后，舟车足以代步之难，使令足以息四体之役，养亲有兼珍之膳，妻孥无苦身之劳。良朋萃止，则陈酒肴以娱之；嘉时吉日，则烹羊豚以奉之。踌躇畦苑，游戏平林，濯清水，追凉风，钓游鲤，弋高鸿，讽于舞雩之下，咏归高堂之上。安神闺房，思老氏之玄虚；呼吸精和，求至人之仿佛。

怎样才能达到如此美好圆满的生活呢？从山水泉石的角度看，解决的办法就是建造园林。

中国园林具有悠久的历史。据文献记载，公元前 11 世纪，周文王就营建了一个方圆 35 公里的"灵囿"，里面有珍禽异兽，奇花异草，可供王室田猎娱乐。这在《诗经》《孟子》《三辅皇图》《周礼·地官记》等书中都有记

[清] 钱维城《宫苑春晓图》

载。春秋战国时期,诸侯割据称霸,纷纷建宫设囿,"楚庄王筑层台"(《说苑》),吴王夫差"筑姑苏台","作海灵馆"(《述异记》),使苑囿建设日趋活跃。秦始皇统一全国以后,建"上林苑",宫殿、园池、台榭广延三百里(杜牧《阿房宫赋》)。汉武帝把秦朝的上林苑扩大充实,在苑中修建离宫七十余所,名花异草,珍禽异兽,莫不具备;又经营规模更为宏大的甘泉苑,周围五百四十里,苑内宫殿楼台百余处。皇家园林,那豪华气派而又雍容大度的规模体制从此确定下来,历代帝王无不惨淡经营。

本来,苑囿之作乃帝王的专利。但是苑囿那供人居住游乐的一切,对于有钱人来说具有巨大的吸引力。早在汉武帝时,富商大贾就开始兴建属于私人的住宅园林。《西京杂记》卷上记载:"茂陵富人袁广汉藏镪巨万,家僮八九百人,于北邙山下筑园,东西四里,南北五里,激流水注其内,构石为山,高十余丈,连延数里。养白鹦鹉、紫鸳鸯、牦牛、青兕,奇禽怪兽委积其间。积沙为洲屿,激水为波澜,其中置江鸥海鹤,孕雏产鷇,延蔓林池。奇树异草,靡不具植。屋皆徘徊连属,重阁修廊。"袁广汉的这座园林后来被汉武帝没收,却开启了属于私人所有的府宅园林之先河,导扬了魏晋以后士大夫纷纷建造私人宅第园林的历史潮流。

魏晋以后,随着佛教的勃兴,寺院园林建筑在全国各地大量出现。《魏书·释老志》记载:"高祖践位,

[清] 袁江《海屋添筹图》

显祖移御北苑崇光宫,览习玄籍。建鹿野佛图于苑中之西山,去崇光右十里,岩房禅室,禅僧居其中焉。"这种有佛塔有"岩房禅室"的寺院具有什么样的特点呢?我们可以从东晋名僧慧远建在江西庐山北面的"石门精舍"窥见其一般风貌。《高僧传·慧远传》载:"(慧)远创立精舍,洞尽山美,却负香炉之峰,傍带瀑布之壑。仍石叠基,即松栽构,清泉环阶,白云满室。复于寺内别置禅林,森树烟凝,石径苔合,凡在瞻履,皆神清而气肃焉。"

在山清水秀林壑幽静的地方建立寺院("精舍"乃寺之通称),的确占尽山水之美。就是在大都会建立寺院,也同样离不开山水美景的培植。《洛阳伽蓝记》卷四记载,北魏时洛阳宝光寺中,"有一海,号咸阳,葭菼被岸,菱荷覆水,青松翠竹,罗生其旁。京邑士子,至于良辰美景,休沐告归,征友命朋,来游此寺,雷车接轸,羽盖成阴"。

与此同时,在南北朝蓬勃发展起来的道教也开始在山水佳胜处建立道观。道教典籍《真诰》卷十一陶注曰:"(大茅山南大洞口),有流水而多石,小出下便平,比世有来居之者……(宋)元徽中,有数男人复来其前而居。至齐初,乃敕句容人王文清仍此主馆,号为崇玄。开置堂宇,厢廊殊为方副。"齐梁时代的道教领袖陶弘景来到茅山,与弟子一道披荆斩棘,历时七年,在大茅山与中茅山间的积金岭上建立起传教授道的华阳上、中、下三馆。这样,寺院、道观园林便逐渐在名山大川竞相营建。

苑囿、宅第园林、寺观园林的全面发展,势必极大地刺激人们游历观赏山川美景的兴趣。为了更好地游览荒郊远野的山水景色,六朝以降,士大夫就在奇山异水之处修建亭、台、楼、阁,

[北宋] 王诜《金谷园图》(局部)

作为公共游憩之所,从而使自然园林得以迅速发展起来。这样,本章所涉及的各类园林都先后出现在广袤的神州大地,并构成了中国园林色彩缤纷的主要类型。

自从东汉袁广汉兴建私人宅第园林以后,逸人高士、官僚士大夫和富商大贾纷纷买山占水,掘泉叠山,劳神费思地经营自己的居住园林,形成了激荡于历朝历代的时尚与潮流。

西晋的石崇在做荆州刺史期间,极力敲诈勒索,成为当时的一个巨富。暴发以后,石崇在洛阳西北谷水流经的金谷涧中营建了一座别墅林园,供自己游宴享乐,世称金谷园。石崇在《金谷园诗序》中作了这样的描绘:"有别庐在河南县界金谷涧中,去城十里,或高或下,有清泉、茂林、众果、竹柏、药草之属,金田十顷,羊二百口,鸡、猪、鹅、鸭之类,莫不毕备。又有水碓、鱼池、土窟,其为娱目欢心之物备矣。"他在《思归引序》中又说:"其制宅也,却阻长堤,前临清渠,柏木几于万株。江水周于舍下,有观阁池沼,多养鱼鸟。"这个金谷园不仅让其主人石崇心满意足,踌躇自得,而且也令后人屡加称道,是中国园林史上著名的园林之一。

[明]项圣谟《王维诗意图》

晋宋间诗人谢灵运辞去永嘉太守以后,回到其祖父谢玄所经营的始宁(今浙江上虞)别墅,"田连岗而盈畴,岭枕水而通阡。"在此基础上,又在北山别营居宅,"面南岭,建经台;倚北阜,筑讲堂。傍危峰,立禅室;临浚流,列僧房";而"南山则夹渠二田,周岭三苑。九泉别涧,五谷异巘。群峰参差出其间，连岫复陆成其坂。众流溉灌以还近，诸堤拥抑以接远。远堤兼陌，近流开湍。凌阜泛波，水往步还。还回往匝，枉渚员峦"（《谢灵运《山居赋》，《宋书·谢灵运传》）。这样一来，这座位于杭州钱塘江南岸的庄园更加宏丽壮伟，成为一座具有自然山水之胜而又兼人工建筑之美的别墅园林。

大约在开元二十八年（741年）前后，盛唐诗人王维在长安附近的蓝田辋川将已经荒芜了的宋之问别墅买下，经过一番苦心经营，这里的山山水水变得更加美丽。王维在《辋川集序》中说："余别业在辋川山谷，其游止有孟城坳、华子冈、文杏馆、斤竹岭、鹿柴、茱萸沜、

[唐] 王维《辋川图》

宫槐陌、临湖亭、南垞、欹湖、柳浪、栾家濑、金屑泉、白石滩、北垞、竹里馆、辛夷坞、漆园、椒园等。"在这溪山如画的别墅园林中，他和好友裴迪等"浮舟往来，弹琴赋诗，啸咏终日"（《旧唐书·王维传》），好不逍遥自在。诚如王维在《山居秋暝》中所描绘的那样：

空山新雨后，天气晚来秋。
明月松间照，清泉石上流。
竹喧归浣女，莲动下渔舟。
随意春芳歇，王孙自可留。

元和十一年（816年），诗人白居易前往庐山游览，在香炉山峰遗爱寺间发现云水泉石幽美迷人，就"若远行客过故乡，恋恋不能去"，

修建了别墅草堂。这就是著名的庐山草堂。白居易为此专门写了《草堂记》一文，对草堂的建筑及其周围景观作了详细描绘。这草堂一共三间，中间为堂，两边为室。面积大小，房屋高度，都修建得称心如意。诗人在这里"仰视山，俯听泉，傍睨竹树云石"，忘乎所以，仿佛自己变成了一个呆子。

原来，这个不大的草堂却极为优美宜人："前有平地"，方圆十丈，上筑一台，可登而望远，台南开凿方池，植莲养鱼，"环池多山竹野卉"。池南山涧之中，古松掩映，丛萝蔓生，一派清幽；"堂北五步"，山壁岩石自然凹凸，"杂木异草"生长其上，"绿阴蒙蒙，朱实离离"，四季如春；"堂东有瀑布，水悬三尺"，飞泻到草堂台阶一角，撒落在岩底水渠，"昏晓如练色，夜中如环珮琴筑声"；堂西紧靠北面高山的石脚，"以剖竹架空，引崖上泉"，"脉分线悬，自檐注砌（台阶），累累如贯珠（一串珍珠），霏微如雨露。滴沥飘洒，随风远去"。至于草堂四周稍远处可望可游的风景，"春有锦绣谷花，夏有石门涧云，秋有虎溪月，冬有炉峰雪，阴晴显晦，昏旦含吐，千变万状，不可殚纪"。居住在这种完全交融于大自然的草堂之中，怎能不如痴如醉呢？

自然，在像金谷、始宁、辋川、庐山这样极具山水泉石之美的地方修建住宅园林，能够远离尘世的喧嚣，在大自然的怀抱中怡然自乐。而那些追逐世俗享受的红尘公卿，既离不开都邑的繁华，又神往山林的清幽，凭借其强大的经济实力，就在通都大邑兴建自己的豪华宅第。唐武宗会昌年间任

［明］仇英《吹箫引凤》

宰相的李德裕，"东都于伊阙南，置平泉别墅，清流翠篠，树石幽奇，初未仕时，讲学其中"（《旧唐书·李德裕传》）。中唐名臣裴度在东都洛阳集贤里建有大第宅，"筑山穿池，竹木丛萃，有风亭水榭，梯桥架阁，岛屿回环"，极尽都城的胜概，"又于午桥刨别墅，花木万株，中起凉台暑馆，名曰渌野堂，引甘泉灌其中。酾引脉分，映带左右"。闲暇时"与诗人白居易、刘禹锡，酣宴终日，高歌放言，以诗酒琴书自乐，当时名士皆从之游"（《旧唐书·裴度传》）。

正是从唐代开始，买山占水的风气愈演愈烈，王公贵戚，达官显宦，富商大贾，逸人隐士，纷纷建立各自的宅第园林。园林艺术渐趋成熟。李德裕的平泉庄，郭子仪的午桥别墅，在当时都相当有名。降及北宋，单是李格非《洛阳名园记》就记载了洛阳城中的富郑公（富弼）园、文潞公（文彦博）园、司马光独乐园、董氏西园东园、刘氏园等二十座著名园林。元代著名画家倪瓒家资豪富，所居有云林堂、萧闲馆、清闷阁，在士人园林中富有盛名。明清两朝，江南宅第园林更是盛极一时，南京徐锦衣的东园西园、胡氏愚园、袁氏随园，苏州留园、拙政园、狮子林、怡园、沧浪亭，上海豫园，松口啸园，太仓南园，无锡寄畅园，绍兴青藤书屋，扬州平山堂、九峰阁、倚虹园、篠园……都占尽江南山水之盛。以致康熙、乾隆都曾六次巡幸江南，饱览江南美景，回到皇

[清] 钱慧安《簪花图》

都大兴土木，建成西苑太液池（今北海公园）、北海静心斋、圆明园、避暑山庄以及后来的颐和园等一大批皇家园林。直到今天，我们还可以目睹明清园林的风采。

为什么人们如此热衷于宅第园林的建造呢？前面说过，中国古代士人的人生理想不外乎出仕与归隐两途。归隐者占尽天下名山胜水，日与烟霞泉石为伍，得逍遥自在的乐趣。出仕者竞奔于仕途，浮沉于宦海，心劳神疲，对隐逸生活情趣充满了无限的神往，所谓"夫圣人虽在庙堂之上，然其心无异于山林之中"（郭象《庄子·逍遥游注》）。于是，官僚士大夫们凭借其政治地位与经济实力，大兴土木，叠石造山，挖池引泉，在城市中营建拥有自然山水形胜的宅第园林，就成为自然而然、快意风流的追求。

有了园林居处，不论出处穷达，士大夫就能够"歌酒优游聊卒岁，园林潇洒可终身"（《白居易集》卷三十三《从同州刺史改授太子少傅分司》）。正如长期隐居的朱敦儒在《感皇恩》一词中所说的那样：

> 一个小园儿，两三亩地。花竹随宜旋点缀。槿篱茅舍，便是山家风味。等闲林间饮，池上醉。　都是自家，胸中无事。风景争来趁游戏，称心如意，胜活人间几岁。洞天谁道在、尘寰外。

古代士大夫把园林视为自己安身立命的所在，这是与园林本身的特点分不开的。关于中国园林的特点，论者见仁见智，各有会心。综观诸家所论，大体上可以归纳为"巧于因借，精在体宜"，"创作自然，借景寓情"。

"巧于因借，精在体宜"是明代园林工艺家和理论家计成在《园冶》中总结、提炼出来的造园理论，最富中国特色。"因者，随其势高下，体形端正，碍木删桠，泉流石注，互相借资。宜亭斯亭，宜榭斯榭，不妨偏迳，顿置婉转，斯谓精而合宜者也"；"借者，园无别内外，得景则无拘远近，晴峦耸秀，绀宇凌空，极目所至，俗则屏之，嘉则收之,不分町疃,尽为烟景,斯所谓巧而得体者也。"就是说,建筑亭台楼谢要精心选择地形,因地制宜,宜山则山,宜水则水,并使景物在目力所及之处,不分内外,使园外的景物成园林景物的有机组成部分。

唐代大诗人杜甫在《怀锦水居止二首》之一中写道:"万里桥西宅,百花潭北庄。层轩皆面水,老树饱经霜。雪岭界天白,锦城曛日黄。惜哉形胜地,回头一茫茫。"诗中所说的"层轩""老树"等是园中之景,"雪岭""锦城"却是园外之景,在诗人的视野中,却浑然一体,达到了"藩篱颇无限,恣意向江天"(杜甫《春日江村五首》之二)的境界。

[清]孙温《红楼梦》绘本(其一)

假如你游览过北京的颐和园,对于"因借"就有实际的体验。颐和园总面积达三点四平方公里,主要由万寿山和昆明湖两部分组成。在这一山一湖的总体布局中,不同的区域根据不同的地形加以建造,各有特色:前山区部分,楼阁高华雅丽,金碧辉煌,给人以富丽的感觉;后山区部分,建筑荫蔽,林木郁深,给人以幽静的感觉;湖区的部分,则山明水秀,绮丽多姿,一望无垠,使人心胸开阔。同时,设计者事先考虑到四周的自然环境,有山峰有高塔的特点,在昆明湖中设计出西堤来遮掩西部的苑墙,把远山和近水巧妙地结合在一起,使湖区具有远借西山、南迷平芜的优美景观。

显然,"因借"的造园手法是为了让人在园林这一有限的空间中感觉到无限的大自然,感悟到"与天地同心"的玄妙境界。

在造园的"因借"过程中,山水、花木等自然景物已经被人"创意"加工。反过来说,造园本身也就是"创作自然""借景抒情"的生活过程。所谓"创作自然",就是在建造园林过程中对各种要素进行巧妙的安排与组合,达到"虽由人作",却"宛自天开",具有"自然本色"的高超境界。这究竟是怎么一回事呢?我们到曹雪芹所描绘的"大观园"去逛逛:

> 绕过"翠嶂",峰回路转,柳暗花明,流水从花木深处曲折泻于石隙之下,落花愈多流水愈清,溶溶荡荡,曲折萦纡,或如晶帘般奔入桥下,或潺潺出于石洞,似闻水声淙淙作响,如见飞瀑白练倒悬。其为山石,或如鬼怪,或如猛兽,纵横拱卫。怪石崚嶒之外,山岩迎面突出直插天宇。其下水中山石横波缀池。华美的房舍。或飞楼插空,雕甍绣槛,或崇阁巍峨,层楼高起。黄坭筑就矮墙,里面数楹茅舍,间有粉垣清凉瓦舍,小小三间抱厦。这里的花木,"千百竿翠竹遮映",几百株杏花如喷火蒸霞。更有奇花异草,牵藤引蔓,垂山巅,穿石隙,攀檐绕柱,丝垂翠楼,葩吐丹砂。别致的桥下,有清溪泻雪,石蹬穿云,白石为栏,环抱池沿。石桥三港,清幽小路;长廊曲洞,方厦圆亭;幽尼佛寺,女道丹房。咫尺之间,风景殊异。游而如人行山阴道上,目不暇接……(温天著《神与物游巧夺天工的智慧》第180页,浙江人民出版社,1991年)

如此令人眼花缭乱的大观园,堪称中国园林艺术精粹之大观。在那因地制宜的座基上,错落有致地布置景区,让人游园时深得曲折幽深之致;景区景点各有侧重,各有特色,使全园层次分明,相得益彰;建筑、山水、花木以及动物有机结合,内外协调,井然有序……所有这一切,不正是中国园林"创作自然"的巧妙体现吗?

不用说,在"创作自然"的过程中,人的思想情感、兴趣爱好都被巧妙地"寓进"园林中的亭台楼阁、山水泉石、花木草虫之中。北宋熙宁年间,反对王安石变法的司马光退居洛阳,投闲置散,便"买田二十亩于尊贤北,辟以为园"。中为"读书堂";"堂南有屋一区,引水北流贯宇下，中央为沼"，为"弄水轩"；"堂北为沼，中央有岛"，"岛上种竹"，"揽结其杪，如渔人之庐"，为"钓鱼庵"；"沼北横屋六楹"，"前后多植美竹"，为"种竹斋"；"沼东治地"种植草药，为"采药圃"；圃南种植芍药、牡丹、杂花，为"浇花亭"；又"于园中筑台"以望山，为"见山台"。司马光就在这里潜心于《资治通鉴》修撰，"志倦体疲，则投竿取鱼，执衽采药，决渠灌花，操斧剖竹，濯热盥手，临高纵目，逍遥徜徉，唯意所适"，故而名之曰"独乐园"（司马光《独乐园记》）。

十分明显，园中的建筑、山池、花木等景点乃至于园名，都深深地打上司马光退隐时的心怀品格。唯其如此，尽管这个居宅园林并没有什么特别之处，还是成为一代名园，被李格非写入《洛阳名园记》。曹雪芹笔下的大观园，被描绘成一个藻饰豪华、欲尽人间之大观的园林，实际上正好表现了贾府享尽人间富贵的钟鸣鼎食气象。同时，作者又借贾宝玉的嘴来指责大观园"背山无脉，临水无源"，"即百般精巧，终不相宜"来暗喻了这个家族必然没落的命运。这一切，不仅体现了曹雪芹高超的艺术匠心，而且也体现了园林本身"借景寓情"的艺术特色。

宅第园林作为一个人造的自然环境，有楼阁可以居住，有亭台可以游憩，有山水花木甚至鸟虫供人欣赏，而这一切又寄寓着园主的思想感情，无论是对外部世界还是对内心世界来说，都是一个和谐圆满而又自立自足的天地。在其中居住游冶，高会宾朋，饮酒吟诗，弹琴下棋，尘世的烦恼忧愁抛到九霄云外，谁不心旷神怡，逍遥自在，从而把园林作为安身立命的所在呢？

二　叠石疏泉，引来山水幽致

早期士大夫园林，注重对山川景致、自然风光的赞赏，多选择天然形胜之地稍加疏理整治，构筑修葺而造园。前面提及的金谷园、始宁别墅、辋川别墅、庐山草堂，都是如此。自"唐贞观开元之间，公卿贵戚

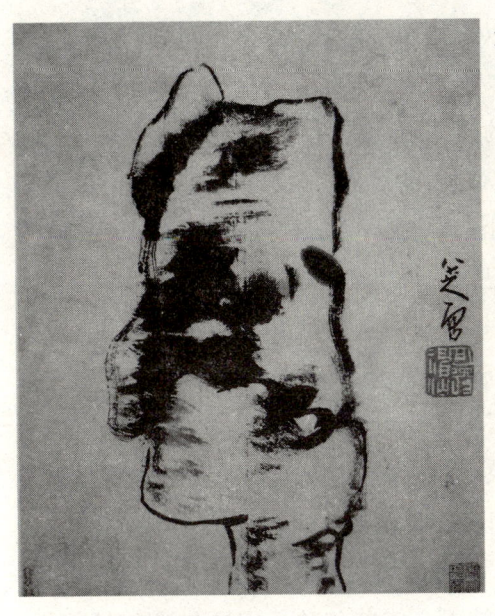

［清］朱耷《山石》

开馆列第于京都者号为千有余邸"（李格非《洛阳名园记》）以来，宅第园林大多数都是修建在富贵繁华的通都大邑。

要在远离自然形胜的都会建园，除了对园址的山水风物加以有效的利用，大量的山石、泉池、花木等自然景观都得靠人工的努力。于是，堆山叠石，掘地疏泉，莳养花木，就成为城市起山林的关键。

当然，引水造山的工作早在秦皇汉武时代就开始了。据记载："始皇都长安，引渭水为池，筑为蓬、瀛。"（《史记·秦始皇本纪》裴骃《集解》引《括地志》）"汉武广开上林……穿昆明池象滇河，营建章、凤阙、神明、駊娑、渐台、泰液，象海水周流方丈、瀛洲、蓬莱。"（《汉书·扬雄传》）像这样引水为池，又在池中造山的做法，为后世园林广为效法，发扬光大。

山与石密不可分，山若无石，则不能成其雄伟高峻险要。自汉以后，人们造山多土石并用或聚石为山。魏文帝曹丕建都洛阳，曾取白石英、紫石英、五色大石于太行毂成之山，起景阳山芳林园。南北朝时期，用石造山已经达到较高的艺术水平。《洛阳伽蓝记》卷二记洛阳昭德里内司农张伦的住宅园林说：

唯伦最为豪侈，斋宇光丽，服玩精奇，车马出入，逾于邦君。园林山池之美，诸王莫及。伦造景阳山，有若自然，其中重岩复岭，岭峯相属，深溪洞壑，逦迤连接。高林巨树，足使日月蔽亏，悬葛垂萝，能令风烟出入。崎岖石路，似壅而通，峥嵘洞道，盘迂复直。是以山情野兴之士，游以忘归。

到了隋唐时代，帝王臣僚的园林用石造山，已形成风气，尤其是从中唐开始，更形成激赏奇形怪状之石的风尚。元结说："长松万株绕茅舍，怪石寒泉近檐下"（《宿洄溪翁宅》）；"轩窗幽水石，怪异尤难状"（《宴湖山亭作》）。其《右溪记》说得更清楚："……水抵两岸，悉皆怪石，欹嵌盘屈，不可名状。"柳宗元在《钴鉧潭西山丘记》中，极力称赏"其石之突怒偃蹇，负土而出，争为奇状者，殆不可数"。所有这些，都是人们极为熟知的例子。

当怪石成为人们欣赏的对象之后，在住宅园林中置奇石以构景，自然顺理成章。牛僧孺"心居事外，不以细故介怀。洛都筑第归仁里。任淮南时，嘉木怪石，置之阶廷，馆宇清华，竹木幽邃"（《旧唐书·牛僧孺传》）。他在《李苏州遗太湖石，奇状绝伦，因题二十韵呈梦得、乐天》等诗中，对太湖石那"通身鳞甲隐，透穴洞天明，丑凸隆胡准，深凹刻兕觵"之形态、石质作了细致的品赏。白居易在《太湖石记》一文中说，牛僧孺"游息之时，与石为伍"，聚集起来的奇石成为一个有等级的家族，如太湖石为甲等，罗浮、天竺石为次等，而牛僧孺手下的官吏又为他广为搜求，"献瑰纳奇，四五年间，累累而至"。牛僧孺对于下级献来的奇石也不廉让，把它们布置在自己的别墅里。对此，白居易发出了这样的感慨：

富哉石乎！厥状非一：有盘拗秀出，如灵丘鲜云者；有端俨挺立，如真官神人者；有缜润削成，如珪瓒者；有廉棱锐刿，如剑戟者；又有如虬如凤，若跧若动，将翔将踊；如鬼如兽，若行若骤，将攫将斗者。风烈雨晦之夕，洞穴开颜，若欲云喷雷，疑疑然有可望而畏之者。烟霁景丽之旦，岩嶂霭霁，若拂岚扑黛，霭霭然有可狎而玩之者。昏旦之交，名状不可。撮要而言，则三山五岳，百洞千壑，觑缕簇缩，尽在其中。百仞一拳，千里一瞬，坐而得之。（白居易《太湖石记》）

其实，白居易自己又何尝不是如此呢？他在《三年为刺史二首》之二、《洛下卜居》等诗中多次谈到自己为杭州刺史三年，北还时只带了一石二鹤而归。在《问江南物》一诗中又说："归来未及问生涯，先问江南物在耶？引手摩挲青石笋，回头点检白莲花。"把此石看得重于一切。白居易归洛阳以后，于履道里得故散骑常侍杨冯宅，将南方携来数石点缀在园林之中。他在《池上篇·序》中说："乐天罢杭州刺史时，得天竺石一、华亭鹤二以归。始作西平桥，开环池路。罢苏州刺史时，得太湖石、白莲、折腰菱、青版舫以归，又作中高桥，通三岛径……每至池风春、池月秋、水香莲开之旦，露清鹤唳之夕"，来到这里弹琴饮酒，歌吹吟诗，享尽人间悠游逍遥、颓然自适的生活情调。

[清] 焦秉贞《孔子圣迹图》

到北宋，对奇石怪石的赏爱更是如醉如痴，迷狂不已。《宋史·米芾传》记载，"无为州治有巨石，状奇丑，芾见大喜曰：'此足以当吾拜！'具衣冠拜之，呼之为兄"。见到奇怪之石，竟然整理衣冠而拜为兄长，虽是特殊的例子，却也可以说明当时社会上的普遍风气。正是在社会上普遍爱好奇石怪石的年代，宋徽宗在政和年间兴师动众，大修艮岳，把置石叠山推向了前所未有的高潮。

"艮"本是象征东北方的卦象，用来表示方位，即指东北方。"艮岳"也就是位于京城汴京东北隅的山岳，完全是靠人工修造起来的。为了修造艮丘，朝廷从江南征调了大量的奇石佳木。据《续资治通鉴》卷九十二"徽宗政和七年"记载，每当花石运来，数十只船所载，包括"太湖、灵壁、慈溪、武康诸石,二浙花竹、杂木、海错,福建异花、荔子、龙眼、橄榄,海南椰实,湖湘木竹、文竹,江南诸果,登、莱、淄、沂海错、文石,二广、四川异花奇果。"艮岳修成以后,所筑冈阜周回十余里,高达十余仞,"增以太湖、灵壁之石,雄拔峭峙,巧夺天造。石皆激怒觝触,若蹲若啮,牙角口鼻,首尾爪距,千态万状,殚奇尽怪"(《东都事略》卷一百六《朱勔传》引祖秀《华阳宫记》)。

自从北宋末年以江南花石修造艮岳,叠石为山就成为江南造园的普遍风气。据《癸辛杂识》记载,南宋的"卫清叔吴中之园,一山连亘二十亩,位置四十余亭",成为当时最大的假山。而造得最为"秀拔有趣"的,则要数俞子精侍郎的宅园。"峰之大小凡百余,高至二三丈皆不事饾饤,而犀珠玉树,森列旁午,俨如群玉之圃,奇奇怪怪,不可名状……乃于众峰之间萦以曲涧,鳌以五色山石,旁引清流,激石高下,使之有声淙淙然,下注大石潭,上荫巨竹寿藤,苍寒茂密,不见天日。"直到明清时期,叠石为山的风气也一直长盛不衰。现在,我们在江南古典名园中还可以看到明清时期的山石景观。苏州拙政园土山上磊石玲珑,林木苍翠;留园三峰(冠云峰、瑞云峰、岫云峰)乃宋明湖石的

[宋] 刘松年《四景山水图》

遗存珍品，依旧高耸，峭立挺拔；上海豫园的大假山石壁峭空，坡陀突兀，蹬道纡回，重峦错叠，洞壑幽深，瀑布飞泻；苏州狮子林最高的中峰如怒吼的雄狮，其余乱石磊块或起或伏，亦像狮子之形，更是开创人工模拟自然石林的崭新纪录。

如果说山石是园林的骨骼，那么水泉则是园林的血脉。在园林建造过程中，疏水引泉同样重要。自秦皇汉武引水为池以来，历代园林无不重视水体在园林中的建设。因为水势富于变化，兼具动静抑扬之美。正如《淮南子·本经训》曰："凿汙池之深，肆畛崖之远。来溪谷之流，饰曲岸之际。积牒旋石，以纯修碕。抑减怒濑，以扬激波。"唯其如此，前引张伦宅园虽以山石为主，但也注意"深溪洞壑"对山石的衬托。隋炀帝营建洛阳西苑，尤重园中泉水。《隋书·食货志》载："（炀帝）开渠引谷、洛水，自苑西入，而东注于洛。"宋人刘斧在《隋炀帝海山记》中说，西苑"内为十六院，聚土为山，凿为五湖四海……每湖方四十里，……湖中积土为山，构亭殿，广袤数千间，又凿北海周环四十里，中有三山，设蓬莱、方丈、瀛洲，上皆台榭回廊。水深数丈，开狭湖、五湖、北海，俱通行龙凤舸，帝多泛东湖。"（《青琐高议·后集》卷五）水网如此发达，水体形态如此变幻纡曲，水中景物如此丰富，水景与山体、建筑的配搭如此巧妙，这一切都表明水体在园林审美中具备了组织庞大园林空间和无数自然、建筑景物的艺术功用。

中唐以后，泉水与山石在园林艺术中的结合得到发展，达到融为一体的境界。《旧唐书·李德裕传》说他"置平泉别墅，清流翠筱，树石幽奇"。据王谠《唐语林》卷七记载，我们可以追想当年的盛状："平泉庄在洛城南三十里，卉木台榭甚佳。有虚槛引泉水，萦回穿凿，像巴峡洞庭、十二峰、九派，迄于海门江山景物之状，……怪石名品甚众，……有礼星石，狮子石，好事者传玩之。（原注：礼星石纵广一丈厚尺余，上有斗极之象，狮子石高三四尺，孔窍万千，递相通贯，如狮子，首尾眼鼻皆全。）"李德裕在《思平泉树石杂咏》之四《叠石》中也曾描述此景说："潺湲桂水端，漱石多奇状。鳞次冠烟霞，蝉联叠波浪。"在一个园林中把长江三峡及其十二峰，洞庭湖及其众多支流，直到长江口的江山景物都形象地表现出来，而且波浪层叠，蝉联而下，真可谓"萦纡非一曲，意态如千里"（刘禹锡《海阳十咏》之五《裴溪》）。由此可见，中唐园林理水已达到相当高超的艺术成就。

现在尚存的古代名园，不少就是引水凿池或巧用水景而建成的。隋开皇十六年（596年），当时任临汾县令的内将军梁轨，引距州城三十里的鼓堆泉水，开凿十二条渠道灌溉农田，并将一小股泉水引入衙署后院，蓄为池沼，建亭台，植花木，辟为园池。这就是山西绛守居园池。宋仁宗庆历四年（1044年），诗人苏舜卿因事遭谗，削职为民，退居苏州，购得五代广陵王钱元璙的别墅故址，理水建亭，修成以水景取胜的园林，取名"沧浪亭"。元太祖二十二年（1227年），元朝汝南王张柔由满城移镇保州（今保定），役使大批从江南掳来的工匠，凿塘挖池，引城西北鸡距泉和一亩泉之水，种藕养荷，构筑亭榭，建成园林，名谓"香雪园"，后因荷花繁茂，又称"莲花池"。时人郝经在《临漪亭记略》中称赞说："虽城市嚣嚣，而得三湖七泽之乐，可谓胜地矣。"

当然，造山叠石，引水疏泉，虽然各有侧重，实际上密不可分。只是为了叙述的方便，才分开加以叙述。在建园过程中，两者往往同时进行，追求"陆具涧岭洞壑之胜，水极岛滩梁渡之趣"的山水效果。清代皇家园林圆明园就是这样的典型。

圆明园完全是在平地挖湖导渠、堆山植木而建成的。它的总面积为350公顷，周长10公里。水面约占一半，山脉断续延长达30公里左右，

［明］ 文徵明《真赏斋图》

到处形成山环水抱而变幻多姿的形势。山之容有峰峦岭谷，斜正浑碎，隐现断续。水之态有湖溪婉转，泉瀑喷薄，汀渚浦硖。山容水态，交相辉映，美不胜收。各式建筑散布全园，因地形，随地势，上下参差，与山水结合，融为一体。只恨英法联军于1860年将圆明园毁于一旦，现在只能到圆明园遗址去联想当时的繁华了。

[清] 沈源、唐岱《圆明园四十景图咏》之一

除堆山叠石、凿池疏泉而外，一个成功的园林必须有名贵花木艺植其间。花草树木好比是园林景观的穿戴，能起到"润肤嫩肉"的作用，没有名花奇树，山水就缺乏清幽雅致而显得荒凉萧条。中唐以来，造园家都十分重视园林中花木的品种、形姿、色彩、寓意以及与其他景观的配置关系。前面提到的李德裕平泉庄，其"嘉木芳草"就极负盛名。

> 木之奇者，有天台之金松、琪树，稽山之海棠、榧桧，剡溪之红桂、厚朴，海峤之青柽、木兰，天目之青神、凤集，钟山之月桂、青飔、杨梅，曲房之山桂、温树，金陵之珠柏、荆、杜鹃，茅山之山桃、侧柏、南烛，宜春之柳柏、红豆、山樱，蓝田之栗、梨、龙柏。

> 其水物之美者，荷有苹洲之重台莲，芙蓉湖之苕莲，茅山东溪之芳荪……又得番禺之山茶，宛陵之紫丁香，会稽之百叶木芙蓉、百叶蔷薇，民嘉之紫桂、簇蝶……（李德裕《承泉山居草木记》）

还没有全部征引，读者也许已经不耐烦，其中许多名花奇树，也只有让植物学家去考察。不过，从这里可见人们在造园时对花木的重视与赏爱。

花木不仅是园林的重要组成部分，而且还可能是园林最主要的景观。李格非《洛阳名园记》所记北宋时期洛阳的名园，就有以莳栽花树而出名的："盖无他池亭，独有牡丹数十万本"的天王院花园子；占地"尽此一方，广轮皆里余，北有牡丹芍药千株，中有竹百亩，南有桃李弥望"的归仁园；"洛中花木无不有，中有四并、迎翠、濯缨、观德、超然五亭"的李氏仁丰园等，都以花木而著称于世。

士大夫在叠石疏泉、种植花木的时候，不惜殚精竭虑，目的就是为了营造一个具有自然胜景并能寄托野逸情调的居处环境。明朝正德、嘉靖年间，工部尚书龚弘在嘉定东城的住宅西侧，建造了一座花园，叫作"秋霞圃"。嘉定人邓钟麟在描绘秋霞圃的景物时曾写道："达人寄兴在山水，叠石疏泉引幽致。经营佳圃名秋霞，丘壑纡回列次第。到来城市俨山林，柳溪花径相攀寻。""徘徊还憩层云（指层云石景点）后，宛转仍归数雨斋。坐久更深濠濮兴，频歌水榭波凝镜。"这些诗句非常生动形象地揭示出园林居处的基本特点。

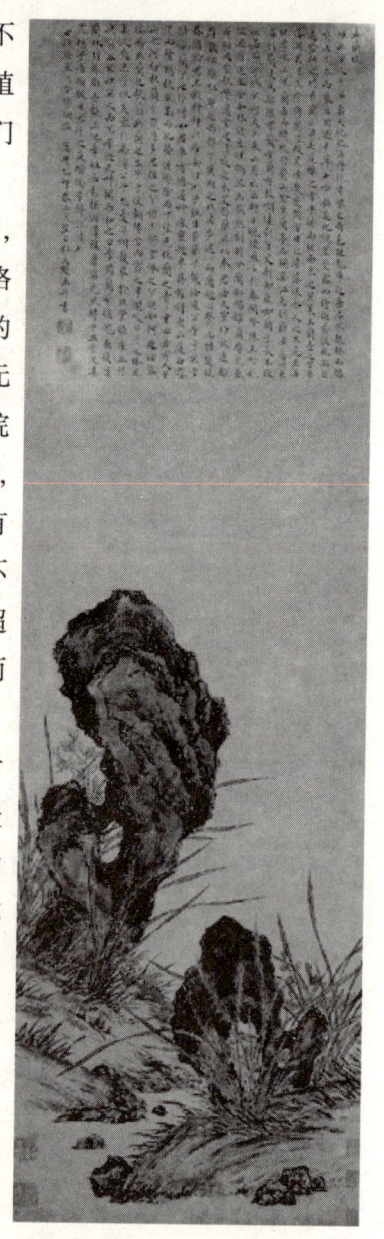

［清］杜大绶《幽兰图》

北宋末年艮岳建成以后，宋徽宗亲自作了一篇《艮岳记》，其中有这样的描写："峰峦崛起，千叠万复，不知其几千里，而方广无数十里。""或高或下，或远或近，一出一入，一荣一雕。回向周匝，徘徊而仰顾，若在重山大壑，幽谷深岩之底，而不知京邑空旷，坦荡而平夷也。"

[清] 袁耀《扬州四景图》

（《挥麈录·后录》卷二）一个"若在"，道出追求野逸情调的内在思想。这样一来，被移置进园林中的山石、泉水等景观，就不再是纯粹的自然之物，而成为具有特定意蕴的园林艺术品。宋高宗赵构"雅爱湖山之胜，于宫中凿一池沼，引水注入，叠石为山，以像飞来峰"。叠石而成的山峰仅有一丈多高，宋孝宗却有诗这样描述其山景及意趣：

> 山中秀色何佳哉，一峰独立名飞来。
> 参差翠麓俨如画，石骨苍润神所开。
> ……
> 孰云人力非自然，千岩万壑藏云烟。
> 上有峥嵘倚空之翠壁，下有潺湲漱玉之飞泉。
> 一堂虚敞临清沼；密荫交加森羽葆。
> 山头草木四时春，阅尽岁寒人不老。
> 圣心仁智清幽闲，壶中天地非人间。
> 蓬莱方丈渺空阔，岂若坐对三神山。
> 日长雅趣超尘俗，散步逍遥快心目。
> 山光水色无尽时，长将把向怀中绿。

（《梦粱录》卷八"德寿宫"条）

大自然的"千岩万壑""山头草木",人世间的"圣心仁智",仙境中的"蓬莱方丈",都浓缩在小小的池水和小小的石峰之中。类似的例子非常多。曾巩在《盆池》诗中咏盆景时写道:"苍壁巧藏天影入,翠衾微带藓痕侵。能供水石三秋兴,不负江湖万里心。"祁彪佳在《越中园亭记之二》中称赞,万玉山房"汇卧龙之泉,淳泓小沼,虽尺岫寸峦,居然有江山迈邈之势"。由此可见,园林中的一山一泉,一池一峰,都成为"有意味的形式",可从中体会到深广的人文内涵和奇妙的艺术享受。

三 江山无限景,都聚一亭中

作为园林有机组成部分的亭、台、楼、阁,固然具有供人居住的现实功用,同时也具有登临览胜的审美功效。一方面,这些亭、台、楼、阁是园林的景点,另一方面,这些亭、台、楼、阁又是园林的游憩之所,是观赏大好景物的基本立足点。而以亭、台、楼、阁作为观赏立足点,汇聚园内园外的景物于视野之内,乃是其主要的艺术功能。因此,李格非《洛阳名园记》描述富郑公园的卧云堂时说:"南北左右二山,背压通流,凡坐此,则一园之胜,可拥而有也。"苏轼《单同年求德兴俞氏聚远楼诗三首》有言,"赖有高楼能聚远","无限青山散不收,云奔浪卷入帘钩"。

仔细分析起来,"聚"是艺术手段,而"远"才是艺术目的。古代园林中的亭、台、楼、阁往往行使着"聚远"的功用。只要看一看亭、台、楼、阁的题名,就可以发现这一特点。北宋司马光独乐园的登高之台叫"见山"(司马光《独乐园记》);司马光同时代一位官僚宅园中有亭名"会景"(司马光《和利州鲜于转运公居八咏》之七《会景亭》);南宋内苑的亭、台名"涵虚""天开图画"(周密《武林旧事》卷四);南宋德寿宫更明确地以"聚远"二字作为楼匾,并大书苏诗《单同年求德兴俞氏聚远楼诗三首》于屏风(《梦粱录》卷八)。这些名称,无一不显示着亭、台、楼、阁汇聚天地间山川风物的基本特征。

江山如此多娇，神州如此广博，园中的亭、台、楼、阁无论如何也不可能把名山大川的壮丽景色都纳入人们极为有限的视野，而人们渴求尽览天下美景的愿望又没有穷尽。这样，园林中亭、台、楼、阁会聚景物的有限与天下风物的无限，就成为一大矛盾。怎样才能解决这个矛盾呢？中国古代的士大夫早就找到答案，这就是把亭、台、楼、阁建到风景秀美宜人的山川溪谷之间，使之成为人们游憩观赏的自然园林。

［北宋］范宽《雪景寒林图》

北宋画家郭熙在《林泉高致》中曾将亭榭比喻为山水的"眉目"。你如果游览过名山大川，登临过亭、台、楼、阁，就会发现这是一个极为精当的比喻。不是吗？明人乔宇在他的《恒山记》中写道：

> 又数十步，为聚仙台。台上有石坪，于是振衣绝顶而放览焉。东则渔阳、上谷，西则大同以南奔峰来趋，北尽浑源、云中之景，南目王台隐隐在三百里外，而翠屏、五峰、画锦、封龙诸山，皆俯首伏脊其下……

东、西、南、北景致尽收眼底，真可谓是"江山无限景，都聚一亭中"。

正是由于亭、台、楼、阁在以山水景物取胜的自然园林中处于"眉目"的地位，士大夫在游山玩水的时候，一旦发现自然美景，就想方设法去修建一个亭、台、楼、阁。这里说的亭、台、楼、阁，从中国古代建筑角度看，是颇为不同的。唐朝欧阳詹在《二公亭记》中说：

> 古者创栋宇，才御风雨，从时适体，未尽其要。则夏寝冬室，春台秋户，寒暑酷受，不能自减。降及中古，乃有楼观台榭，异于平居，所以便春夏而陶堙郁也。楼则重构，功用倍也。观亦再成，勤劳厚也。台烦版筑，榭加栏槛，畅耳目，达神气，就则就矣，量其材力，实犹有蠹。近代袭古增妙者，更作为亭。亭也者，藉之于人，则与楼观台榭同；制之于人，则与楼观台榭殊，无重构再成之糜费，加版筑槛栏之可处，事约而用博，贤人君子多建之。其建之，皆选于胜境。

在建筑史上，"楼"是两层以上的房屋；"观"指宫门前两边的望楼或台榭之类的建筑；"台"是一种先用版筑把泥土筑成高台，然后建以房屋的建筑物；"榭"是建在高台上的敞屋，不筑墙，只加栏槛。至于"亭"，则是一种开敞的小型建筑物，多用竹、木、石等材料建成，有圆形、方形、六角形、八角形、扇形等不同的造型。尽管亭与楼观台榭在建筑体制上不一样，但制作简便，开支很小，且供人游憩观赏的功用与楼观台榭并无二致。因此，六朝以来在风景佳胜处建亭，就成为士大夫生活中的一桩风雅之事而受人称道。

建亭风气之盛，从白居易《冷泉亭记》可见一斑：

> 杭自郡城抵四封，丛山复湖，易为形胜。先是领郡者，有相里君造虚白亭，有韩仆射皋作候仙亭，有裴庶子棠棣作观风亭，有卢给事元辅作见山亭，及右司郎中河南元藇最后作此亭（冷泉亭）。于是五亭相望如指之列，可谓佳境殚矣，能事毕矣。后来者虽有敏心巧目，无所加焉。故吾继之，述而不作。

在白居易为杭州刺史以前，他的五位前任相里造、韩皋、裴棠棣、卢元辅、元藇在任杭州刺史期间，各自在余杭郡治杭州城四边疆域的"丛山复湖"中修建一亭，形成"五亭相望如指之列"的壮观，致使白居易这位后来者望亭兴叹，"述而不作"，在长庆三年（823年）八月十三日写下这篇《冷泉亭记》以垂后世。

王安石在《游褒禅山记》中指出，"世之奇伟、瑰怪非常之观，常在于险远"。正是由于"险远"，人迹罕至，很多绝妙景观便藏在奇山异水之间。因此，发现一片风景而修建亭台，就成为一桩士大夫乐意为之的风雅事情。

庆历五年（1045年），欧阳修因为支持范仲淹等人的改革而被贬作滁州（今安徽滁县）太守。第二年，他发现距离州南百步的丰山"耸然而特立；下则幽谷，窈然而深藏；中有清泉，滃然而仰出"；感到非常高兴，"于是疏泉凿石，辟地以为亭，而与滁人往来其间"，"仰而望山，俯而听泉，掇幽芳而荫乔木"，以为"风霜冰雪，刻露清秀，四时之景，无不可爱"。这就是欧阳修建成的"丰乐亭"。（《丰乐亭记》）兴高采烈之余，欧阳修又写下《丰乐亭游春三首》绝句记其胜况，其诗曰：

绿树交加山鸟啼，晴风荡漾落花飞。
鸟歌花舞太守醉，明日酒醒春已归。

春云淡淡日辉辉，草惹行襟絮拂衣。
行到亭西逢太守，蓝舆酩酊插花归。

红树青山日欲斜，长郊草色绿无涯。
游人不管春将老，来往亭前踏落花。

新发现一处优美的风景而建亭登赏，固然快乐无比，就是在荒芜的旧址上重建

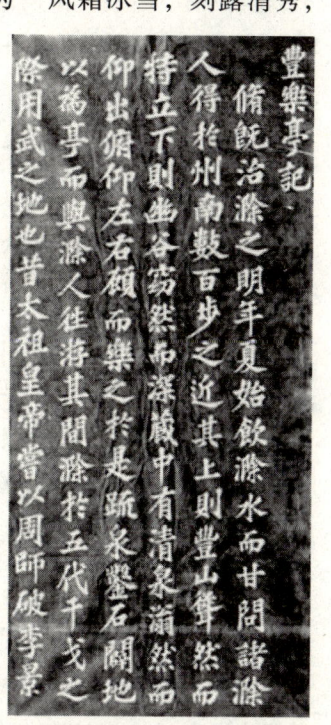

［宋］苏轼《丰乐亭记》碑

亭台，也是惬意非常。

元丰三年（1080年），苏轼因"乌台诗案"被贬黄州（今湖北黄冈），充黄州团练副使。元丰五年（1082年），苏轼"杖策载酒，乘渔舟"渡江，前往与黄州隔江相

[清] 袁江《观潮图》

对的武昌（今湖北鄂城）诸山游览。"山中有二三子，好客而喜游。闻子瞻至，幅巾迎笑，相携徜徉而上。穷山之深，力极而息，扫叶席草，酌酒相劳。"一天，在曲山的松柏林中，苏轼在"羊肠九曲"的道路上发现一块稍微平缓的地方，"游者至此必息，倚怪石，荫茂木，俯视长江，仰瞻陵阜，旁瞩溪谷，风云变化，林麓向背，皆效（呈现）左右"。在苏轼眼中，这里的山川风物非常优美，却只有一个残败的亭子，"其遗址甚狭，不足以席众客。其旁古木数十，其大皆百围千尺，不可加斤斧。"苏轼每来到这里，总是"睥睨终日"，不忍离去。幸好天公作美，一场雷雨大风，将一棵古木连根拔起，使遗址变得宽敞。苏轼非常高兴，与他的伙伴一起来到这里重建了相传为东吴遗迹的"九曲亭"。九曲亭建成，就可以兴致淋漓地登览武昌、长江的佳绝山水。苏轼非常惬意，让弟弟苏辙写了《武昌九曲亭记》记述其经过。

亲自修建亭台以供游览，固然有一种"创造"的快乐，就是为别人已经修好的"亭台"题名作记，也别有一番情趣。大约在贞元二十年（804年），韩愈的朋友王仲舒在连州（今广东连县）的一处"丘荒之间"发现山水宜人，便"晨往而夕归"，并"立屋以避风雨寒暑"。建成之后，被贬为阳山（今属广东）县令的韩愈"请名之"，为那里的景点一一题名：名其丘曰"俟德之丘"，其谷曰"谦受之谷"，其瀑曰"振鹭之瀑"，

其洞曰"寒居之洞",其池曰"君子之池",其泉曰"天泽之泉","合而名之以屋,曰'燕喜之亭'"。韩愈因此写成《燕喜亭记》这篇著名的文章。类似的例子很多,欧阳修在滁州时,将山僧所修建的亭题名为"醉翁亭",并作《醉翁亭记》;苏轼在黄州时,将其友人张梦得所建之亭名为"快哉亭",其弟苏辙作《黄州快哉亭记》。

前面说过,在山川景物佳胜之处修建亭子,无论是在经费上还是在技术上都比楼观台榭要简便易行,所以士大夫遇到美景而修建亭子的风气相当普遍,但并不排除在风景绝佳处建筑楼观台榭。事实上,只要条件具备,士大夫就会根据实际情况来分别置以楼观台榭等建筑。

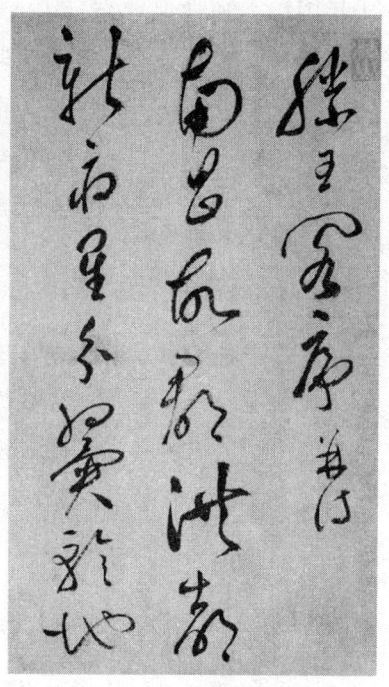

[明] 祝允明草书
《滕王阁序并诗》卷

唐朝初年,高祖李渊第二十二子李元婴都督洪州(今江西南昌),在今江西新建西章江门上兴建了著名的滕王阁,下临赣江,可以远望,可以俯视。这是建阁。后来王勃来到这里,写下了高华千古的《滕王阁序并诗》,一时风物之胜,都淋漓尽致地表达出来。

> 滕王高阁临江渚,佩玉鸣鸾罢歌舞。
> 画栋朝飞南浦云,珠帘暮卷西山雨。
> 闲云潭影日悠悠,物换星移几度秋。
> 阁中帝子今何在?槛下长江空自流!

北宋"庆历四年春,滕子京谪守巴陵郡。越明年,政通人和,百废俱兴。乃重修岳阳楼,增其旧制,刻唐贤、今人诗赋于其上",让人登上岳阳楼去观赏那"衔远山，吞长江，浩浩汤汤，横无际涯；朝辉夕阴，气象万千"的洞庭胜状，发抒各自的"览物之情"。这是建楼。范仲淹那传颂千古的《岳阳楼记》，至今仍然萦绕在炎黄子孙的心头：

[元] 夏永《岳阳楼图》

　　若夫霪雨霏霏，连月不开，阴风怒号，浊浪排空；日星隐耀，山岳潜形；商旅不行，樯倾楫摧；薄暮冥冥，虎啸猿啼。登斯楼也，则有去国怀乡，忧谗畏讥，满目萧然，感极而悲者矣。

　　至若春和景明，波澜不惊，上下天光、一碧万顷；沙鸥翔集，锦鳞游泳；岸芷汀兰，郁郁青青。而或长烟一空，皓月千里，浮光跃金，静影沉璧，渔歌互答，此乐何极！登斯楼也，则有心旷神怡，宠辱皆忘，把酒临风，其喜洋洋者矣。

北宋皇祐三年（1051年），龙图阁直学士、尚书吏部郎中梅挚出知杭州。临行前宋仁宗赐诗送行，开篇即说杭州"地有吴山美，东南第一州"。梅挚到任后，依钱塘江山水，发文人之雅兴，在西湖东面的深山上修建一堂，取仁宗赐诗首章名之曰"有美堂"："山水登临之美，人物邑居之繁，一寓目而尽得之。"（《唐溪诗话》）这是建堂。当时的文坛领袖欧阳修写下《有美堂记》一文传世。后来，苏轼知杭州，来到这里吟出了雄峻奔放的《有美堂暴雨》：

　　　　游人脚底一声雷，满座顽云拨不开。
　　　　天外黑风吹海立，浙东飞雨过江来。
　　　　十分潋滟金樽凸，千杖敲铿羯鼓催。
　　　　唤起谪仙泉洒面，倒倾鲛室泻琼瑰。

[五代] 巨然《万壑松风图》

北宋嘉祐八年（1063年）左右，凤翔（今陕西凤翔县）太守陈希亮在一个高出林木之上"累累如人之旅行于墙外而见其髻"的土山上，"使工凿其前为方池，以其土筑台，高出于屋之檐而止"。登览者"恍然不知台之高，而以为山之踊跃奋迅而出"。陈希亮把它叫作"凌虚台"。这是建台。当时任凤翔府金判的苏轼有《凌虚台记》记其事。正如苏轼在文中所感慨的那样，"废兴成毁，相寻于无穷，则台之复为荒草野田，皆不可知也。"随着岁月的流逝，现在已无法寻觅"凌虚台"的踪迹。

亭、台、楼、阁的修建，使江山美景汇聚于一处。士大夫登临名山胜水，通常以耸立于其间的亭、台、楼、阁作为游览观瞻的路线与视角，饱览天下美景。且追随元人邓牧的游踪，到位于今天浙江奉化县溪口镇西北的雪窦山去游览一回：

渐上，陟林麓，路益峻，则睨松林在足下。花粉逆风起为黄尘，留衣襟不去，他季无是清也。越二岭，首有亭当道，棨书"雪窦山"字。山势奥处，仰见天宇，其狭若在陷井；忽出林际，则廓然开朗，一瞬百里。次亭曰"隐秀"，翳万杉间，溪声绕亭址出山去。次亭曰"寒华"，多留题，不暇读；相对数步为漱玉亭，覆泉，窦虽小，可汲，饮之甘。次大亭，值路所入，路折为两。先朝御书"应梦名山"其上，刻石其下，盖昭陵梦游绝境，诏图天下名山以进，兹山是也。左折松径，径达雪窦。自右折入，中道因桥为亭，曰"锦镜"。亭之下为圆池，径余十丈，植海棠环之，花时影注水溪，烂然疑乎锦，故名。度亭，支径以达寺，而缭曲……出寺右偏登千丈岩，流瀑自锦境出，泻落绝壁下潭中，深不可计；临崖端，引手援树下顾，率目眩心悸。初若大练，触崖石，喷薄如急雪飞下，故其上为飞雪亭。憩亭上，时觉沾醉，清谈玄辨，触喉吻，动欲发，无足与云者；坐念平生友，怅然久之。

作者以亭为线索，写山中所见，万象纷呈，诸景毕现，却不显零乱。所记雪窦亭、隐秀亭、寒华亭、漱玉亭、锦镜亭、飞雪亭，或当道而建，或隐于杉林，或筑于岩上，或覆泉而建，或因桥而造，位置不一，各占其胜。因此，写亭也就是写景。作者抓住每个亭子的特点依次写来，一幅幅风景图画随之展现。读起来如行走在山间道上，大有目不暇接、美不胜收之感。

顺便指出，古代士大夫在"治水"的过程中还曾掘井筑堤。李泌做杭州太守时曾开六井，后来白居易做杭州太守时又加以疏理。同时，白居易还在钱塘门外筑堤防汛，在《杭州春望》诗中有"护江堤白踏晴沙"的咏叹，当时称为"白公堤"。后虽湮没，后人却往往将唐朝时人在西湖中修筑的西接孤山、东至断桥，长达一公里的白沙堤（白居易《钱塘湖春行》诗中有"最爱湖东行不足，绿柳阴里白沙堤"之句，今称"白堤"，又称"沙堤"或"断桥堤"）误认为是白居易所筑。这种有意无意

［明］蓝瑛《苏堤春晓图》

的"张冠李戴",事实上也在一定程度上反映了世人对白居易的缅怀之情。到北宋元祐年间,苏轼在杭州做太守,为了疏浚西湖,在南屏山与岳庙之间的西湖中筑起长达两公里多的湖堤,断断续续,在湖堤断续处架设六座桥梁使之一气贯通,在湖堤两旁广植桃柳,培植了"六桥烟柳"之美景,放眼眺望,绚丽如画。杭州人把它叫作"苏公堤"。这样,"苏堤春晓"便与"曲院荷风""平湖秋月""断桥残雪""柳浪闻莺""花港观鱼""雪峰夕照""双峰插云""南屏晚钟""三潭映月"等景观一起,成为千百年来为人们所激赏不已的"西湖十景"(《梦粱录》卷十二)。

亭、台、楼、阁以及水堤的兴修,使本来就十分秀美壮丽的山水景色更加可爱迷人,从而使自然山水不断地"人化"而变成人们游憩观光的风景名胜。

如今,人们常常以一游为快的山川名胜,遍布华夏大地。杭州西湖,扬州瘦西湖,济南大明湖,北京西山,安徽黄山,四川峨眉山、青城山,广西桂林漓江、桂平西山,五岳泰山、华山、嵩山、衡山、恒山,以及北京樱桃沟、陶然亭,浙江绍兴兰亭,安徽滁州醉翁亭、丰乐亭,昆明大观楼,成都望江楼,宜宾流杯池……这些山川名胜,正是经过人们一代又一代的治理修葺,才变得如此美丽动人!

第三章

登临览胜，其乐无穷

买山占水，叠石疏泉，营建亭台，是社会发展到一定历史阶段的产物，也是文人士大夫更好地满足游山玩水、登临览胜的创造。而山水园林的大量兴建，反过来又不断美化自然山水，不断刺激人们游尽天下名山胜水的强烈愿望。因此，登山临水，游览观光，始终是文人士大夫联系山水自然的基本方式，始终是历久弥新的文化风尚。

一　登山临水咏诗行

只要翻一翻古代名人的传记就会发现，文人士大夫无不乐于投入大自然的怀抱，在名山大川尽情遨游，流连忘返。

谢灵运"出为永嘉（今浙江温州）太守"，在郡却不理政务，"肆意游遨，遍历诸县"，一游就是一旬半月，"所至辄为诗咏"。后来闲居会稽始宁别墅，更是"寻山陟岭，必造幽峻，岩嶂千重，莫不备尽"。他登山时常穿木屐，"上山则去前齿，下山去其后齿"（《宋书·谢灵运传》）。崎岖山路，如履平地。流风遗韵，极为李白称道，吟出了"脚著谢公屐，身登青云梯"的名句。

李白的确是后来居上。他二十五岁"仗剑去国，辞亲远游"（《上安州裴长史书》），乘船出三峡，沿江东下，游江陵、泛洞庭、登庐山，直下金陵、扬州、会稽一带，居安陆，西入长安、洛阳，北上太原，南下东鲁，四处漫游，为时达十年之久。开元天宝年间在京都做了短时间的翰林供奉，又一次开始他长达十年的南北

［南宋］马远《山径春行图》

漫游：东游梁京、齐鲁，南下剡中，北游燕蓟，南返梁京，往来于宣城、金陵等地。每到一处，总是寻访名山胜水，游而忘返，的确如他自己在《庐山谣寄卢侍御虚舟》中所说，"五岳寻仙不辞远，一生好入名山游"。

[明] 戴进《春山积翠图》

像谢灵运这样游览一方山水，或像李白这样漫游神州大地，是历代士大夫所共同追求的目标。宋代的赵秀仁曾对罗大经说，生平有三愿："一愿识尽世间好人，二愿读尽世间好书，三愿看尽世间好山水。"（《鹤林玉露》）明代著名文学家宋濂说，"山灵或有知，当使余游尽江南诸名山"（《游钟山记》）。明代著名政治家张居正表示，"即不能'与汗漫期于九垓'，亦当遍游寰中诸名胜，游目骋怀，以极生平之愿"（《游衡岳记》）。可见，不管能否实现，"看尽世间好山水"，都是士大夫的共同心声。

"登山则情满于山，观海则意溢于海。"（刘勰《文心雕龙·神思》）极富诗情的士大夫在游山玩水的时候，并非仅仅观赏风景，总是以敏感而聪慧的诗心去感悟自然山水，吟咏出极为壮观的山水诗、纪游诗。

早在公元207年秋，曹操统率大军在辽西大破乌桓（乌桓蹋顿部落），班师回朝，途中登上碣石山（在今河北省昌黎北），远眺渤海，吟出震烁古今的《观沧海》：

东临碣石，以观沧海。
水何澹澹，山岛竦峙。

> 树木丛生，百草丰茂。
> 秋风萧瑟，洪波涌起。
> 日月之行，若出其中。
> 星汉灿烂，若出其里。
> 幸甚至哉，歌以咏志。

尽管曹操仅仅是在军务之暇"东临碣石"，并非为游玩山水而来，但是像他这样面对山水景色而发为吟咏"歌以咏志"的做法，却成为历代骚人墨客、学士大夫登山临水的风雅传统。据《梁书·文学传》记载，王籍曾入山而游，陶醉在自然美景中，竟然一连几个月都不返回，赋咏的山水诗清绝秀逸。如他的《入若耶溪》写道：

> 艅艎何泛泛，空水共悠悠。
> 阴霞生远岫，阳景逐回流。
> 蝉噪林逾静，鸟鸣山更幽。
> 此地动归念，长年悲倦游。

此诗一出，当即获得"文外独绝"的美誉，即使现在读来，依然是那样感人肺腑，让人对浙江绍兴南的若耶山水神往不已。

不游则已，游必有诗，可以说是千百年来士大夫登山临水的传统风尚。我们可以随便举出若干文人学士的"夫子自道"：

> 众山遥对酒，孤屿共题诗。（唐孟浩然《永嘉上浦馆逢张八子容》）

> 幸无案牍何妨醉，纵有笙歌不废吟。（唐白居易《宿湖中》）

> 风烟触目相招引，聊为停桡一楚吟。（宋苏舜钦《望太

湖》)

横风吹雨入楼斜,壮观应须好句夸。(宋苏轼《望海楼晚景》)

拔地青苍五千仞,劳渠蟠屈小诗中。(宋陆游《过灵运石三峰》)

我欲寻诗宽久旅,桃花落尽春无所。(宋陈与义《渔家傲·福建道中》)

凭阑决眦倚半酣,尽卷乾坤入诗笔。(清陈大章《登小孤山》)

八句吟成一回顾,白云山色两苍茫。(今人朱蕴山《重阳游指封山》)

从这些诗句可以想见,历朝历代文人学士登山临水咏诗而行的传统风尚,何其多姿多采。

东晋太元八年(383年),僧人慧远离开荆州上明寺(今湖北松滋县西),前往广东罗浮山,途中经过浔阳,见庐山青幽秀美,宜于修身养性,便挂锡此山,在这里建起寺院,居住三十多年。隆安四年(400年)二月,慧远与庐山同道三十余人一起到石门游春。面对江右第一名山的秀丽景色,这些四大皆空的佛门弟子禁不住游兴盎然,诗思泉涌,纷纷吟诗记游,抒怀写意。慧远在《游石门诗序》中说,他们"因咏山水,遂杖锡而游",一行三十余人"咸佛衣晨征,怅然增兴。虽林壑幽邃,而开涂竞进;虽乘危履石,并以所悦为安……众情奔悦,瞩览无厌……徘徊崇岭,流连目瞩,九江如带,丘阜成垤。……各欣一遇之同欢,感良辰之难再。情发于中,遂共咏之云尔"。遗憾的是,由于年代久远，慧远等人游石门的诗大多湮没无存。

或许是为防止诗文散佚，后人游览山水更加注重所得诗篇的编辑。北宋嘉祐四年（1059年）十月，苏洵、苏轼、苏辙父子离开四川前往汴京（今河南开封）。三人从眉山乘船出发，沿岷江入长江，顺流而下，年底到达荆州（今湖北江陵）。一路上三人观赏山川名胜，"凡与耳目所接者，杂然有触于中，而发于咏叹"（苏轼《南行集叙》），父子三人共得百篇，在荆州驿站编成一集，名曰《南行集》。

南宋乾道三年（1167年），著名理学家朱熹同好友张栻、林用中同游南岳衡山。他们冒着风雪登上衡山绝顶，被后人称为"凌雪游"。张栻在《南岳游山唱酬序》中作了生动的记述，"自甲戌至庚辰凡七日，经行上下数百里，景物之美，不可殚叙。间亦发于吟咏，更迭唱酬，倒囊得百四十有九篇。虽一时之作，不能尽工，然亦可见耳目所历，兴寄所寓，异日或有考焉，乃衷而录之"，编为《南岳游山唱酬集》。

即使不将游览山水的诗文编次成集，古代的士大夫也是习惯于走一路，吟一路，随时将所见山川景物和自己的胸臆怀抱吟咏成诗。山水诗人谢灵运"所至辄为诗吟，以致其意"（《宋书·谢灵运传》），虽没有详细的文字记载，他的山水诗题本身就很能说明问题。读诸如《过始宁墅》《七里濑》《登池上楼》《游南亭》《登江中孤屿》《石壁精舍还湖中作》《入彭蠡湖口》等诗题，诗人那登临咏诗的情态已宛然浮现在目前。事实上，像谢朓、阴铿、孟浩然、王维、李白、杜甫、白居易、王安石、苏轼、范成大、杨万里等吟咏山水而取得巨大成就的诗人，没有不是见到山川美景辄发为吟咏的。

唐宋以后，士大夫在游记中对登山临水而发为吟咏

［唐］韩滉《文苑图》

的情形有比较具体的记载。元朝至元四年（1338年），许有壬五十二岁获假还乡，在当地官员的陪同下游览林虑山（本名隆虑山，因避东汉殇帝刘隆讳改此名，在河南林州市西，为太行山的一部分），历时九天，亲涉险峻，目赏胜景，惊奇叹绝，情不自禁，"得诗凡三十四首"，"录之以记岁月"（《林虑记游》）。清嘉庆十年（1805年）二月，洪亮吉游天台山，"所历者，为腾空岭、万年岭、寒风岭、桐柏南峰、北峰、赤城上寺坡、下寺坡，共得诗三十首"（《游天台山记》）。诸如此类，不胜枚举。

面对秀山丽水，只是吟咏成篇，似乎还不足以表达士大夫的登临之乐，于是把诗题壁就成为士大夫的赏心乐事。

早在南北朝时期，题壁之风业已肇端。沈约"郊居时新构阁斋，刘杳为赞二首，并以所撰文章呈约，约即命工书人（字写得好的人）题其赞于壁。"（《梁书·刘杳传》）南齐文惠太子在"圃圆园"中建"茅斋"，周颙书其壁（《南齐书·周颙修》）。至于"沈约为东阳太守，作八诗题于元畅楼"，更为有名，因为沈约题诗后，这元畅楼就被后人改称为"八咏楼"（《金华志》）。

题壁到底是怎么一回事呢？《水浒传》描写宋江在浔阳楼吟"反诗"的情景，虽是小说，却再现了题壁的具体情景。你看，宋江来到江州浔阳楼独自一人饮酒赏景，"一杯两盏，倚阑畅饮，不觉沉醉。猛然蓦上心来，思想道：'我生在山东，长在郓城，学吏出生，结识了多少江湖上人，虽留得一个虚名，目今三旬之上，名又不成，功又不就，倒被文了双颊，配来这里。我家乡中老父和兄弟，如何得相见！'不觉酒涌上来，潸然泪下。临风触目，感恨伤怀，忽然做了一首《西江月》词，便唤酒保，索借笔砚，起身观玩，见白粉壁上，多有先人题咏"。于是便"乘其酒兴，磨得墨浓，蘸得笔饱，去那白粉壁上，挥笔便写道：

自幼曾攻经史，长成亦有权谋。恰如猛虎卧荒丘，潜伏爪牙忍受。　　不幸刺文双颊，那堪配在江州。他年若得报冤仇，血染浔阳江口。

宋江写罢，自看了，大喜大笑。一面又饮了数杯酒，不觉欢喜，自狂荡起来，手舞足蹈，又拿起笔来，去那《西江月》后，再写下四句诗，道是：

　　　　心在山东身在吴，飘蓬江海漫嗟吁。
　　　　他时若遂凌云志，敢笑黄巢不丈夫。

宋江写罢诗，又去后面大书五字道：'郓城宋江作。'写罢，掷笔在桌上，又自歌了一回，再饮过数杯酒……"（施耐庵、罗贯中《水浒传》第三十九回）

被发配江州的宋江面对江州的"真山真水"都要借着酒兴题诗于楼壁，何况本来就流连于湖光山色得游览之乐的士大夫呢？当士大夫诗兴大发的时候，山石，洞壁，画舫，楼阁，亭台，寺庙，道观，都是题诗的绝好场所。

宋神宗熙宁元年（1068年），王安石四十八岁应诏到达汴京，游览郊区的西太一宫，作《题西太一宫壁二首》：

　　　　柳叶鸣蜩绿暗，荷花落日红酣。
　　　　三十六陂春水，白头想见江南。

　　　　三十年前此地，父兄持我东西。
　　　　今日重来白首，欲寻旧迹都迷。

这两首诗成功再现了西太一宫美丽的夏景，抒发了诗人游览时的强烈感慨，意境清新，饱含情韵，被评为"绝代销魂，荆公诗当以此二首压卷。"（陈衍《宋诗精华录》卷二）

王安石变法失败，退居江宁（今江苏南京），他与住在钟山的杨德逢交好，常有往来，作《书湖阴先生壁》诗，为人称颂：

茅檐长扫静无苔，花木成畦手自栽。
一水护田将绿绕，两山排闼送青来。

后来游齐安（今湖北黄冈），在当地一处壁上写下了《题齐安壁》：

日净山如染，风暄草欲薰。
梅残数点雪，麦涨一溪云。

这首绝句写得风景如画，浑然天成，极为精炼传神。

像王安石这样喜爱题壁的骚人墨客、文人学士，不知有多少，他们在多少地方，题写了多少诗词，没有人统计过，恐怕也难以统计。单是传世名篇，诸如韩愈《谒衡岳遂宿岳寺题门楼》，白居易《春题湖上》，贾岛《题李凝幽居》，张祜《题金陵渡》，杜牧《题扬州禅智寺》，许浑《秋日赴阙题潼关驿楼》，苏舜钦《题花山寺壁》，苏轼《题西林壁》，韩元吉《霜天晓角·题采石蛾眉亭》，辛弃疾《菩萨蛮·书江西造口壁》，耶律楚材《鹧鸪天·题七真洞》，宋湘《贵州飞云洞壁》，邓廷桢《天山题壁》，等等篇什，也无法遍举。可以这样说，长城内外，大江

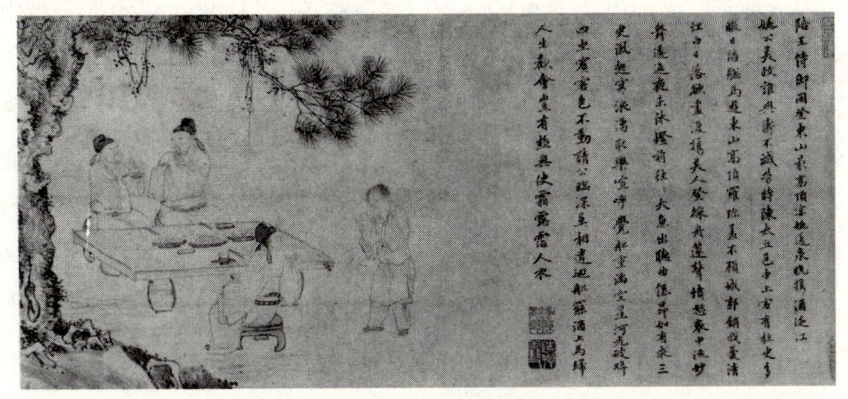

[明] 杜堇《古贤诗意图》之二

南北,凡士大夫所历之处,无不有题壁诗的存在。由于不能一一征引,且把苏东坡那首千古传颂的《题西林壁》抄录下来,一道欣赏:

> 横看成岭侧成峰,远近高低各不同。
> 不识庐山真面目,只缘身在此山中。

面对名山胜水,士大夫除了题诗于壁而外,还常常书壁,题名,题记,以作纪念。

公元219年,曹操和刘备争夺汉中,驻扎在石门附近,看到褒河水流到这里,冲在一块乱石上,水花四溅,状如飞雪,就在河中一块石头上写下"衮雪"二字,高四十七厘米,宽一百二十五厘米,笔触雄浑,柔而有力。后人有诗赞曰:"滚滚飞雪涛作窝,势如天上泻银河。浪花并作笔花舞,魏武精神万顷波。"唐朝名臣李泌在南岳衡山福严寺后面高明台上石壁手书"极高明"三个大字,以其"道中庸而极高明"的文化内涵和遒劲刚健的书法艺术为后人所激赏。明朝嘉靖年间,著名忠臣杨继盛游览焦山(也作椒山、谯山、樵山,在江苏镇江东北长江之中,因东汉末焦光隐居于此而得名),"大书'椒山'二字于壁,及其名氏日月"。椒山,本是杨继盛的别号,把"焦山"书作"椒山",或因二字同音,或是杨氏自负。后来杨氏以兵部员外郎身份弹劾奸相严嵩而下狱被杀,人们以为"忠臣处士,名节略等",从此"焦山亦云椒山矣"(明王叔承《游金焦两山记》)。

在题诗、题字的时候,通常都要题上姓名以作纪念。而专门题上姓名,以示"到此一游"者,也是士大夫游山玩水时的一件雅事。唐元和三年十月(808年),李翱、韩愈、孟郊三人登上景云山(即景山,在河南偃师南),"南望嵩山,题姓名"而去(李翱《来南录》)。宋孝宗乾道六年(1170年)十月,陆游在入蜀途中来到位于今湖北宜昌西北二十里长江北岸的三游洞,进去一看,题名洞壁者甚多:

穴门上有刻云:"黄大临,弟庭坚,同辛紘,子大方,绍圣二年三月辛亥来游。"旁石壁上刻云："景祐四年七月十日夷陵欧阳永叔"，下缺一字。又云："判官丁"，下又缺数字。……洞外溪上，又有一崩石偃仆，刻云："黄庭坚，弟叔向，子相、侄楫，同道人唐履来游，观辛亥旧题，如梦中事也。建中靖国元年二月庚寅。"

从陆游《入蜀记》的这一段记载，可见题名刻石是多么风行于世。

题诗、题字、题名，既可以分别进行，又可以同时制作。三游洞之所以成为风景名胜，就是由于不少著名人物来此游览，且题其壁而形成的。

唐元和十年（806年）冬，白居易由江州（今江西九江）司马升任忠州（今四川忠县）刺史，其弟白行简同行。这时，元稹也由通州（今四川达州）司马调任虢州（今河南灵宝县）长史。元和十四年三月（819年），三人相会于夷陵，同游洞中，置酒畅谈，通宵不寐，各赋古调二十韵一首，并由白居易作《三游洞序》，写在洞壁上。（见白居易《三游洞序》）"三游洞"由此得名，人称为"前三游"。宋嘉祐元年冬天，苏洵、苏轼、苏辙父子三人从故乡眉州（今四川眉山）赴汴京应考，途经夷陵，来游洞中，各赋诗一首，写在洞壁上，人称"后三游"。此后，三游洞成为游览胜地，历代文人墨客，无不以到此一游为快。明袁中道、清刘大櫆都曾专程来游，都作有《游三游记》，无不称道。历代吟咏三游洞的诗词歌赋将近一百篇，还有许多各种字体书写的摩崖壁刻和碑石。洞壁上留有"灵区""鬲凡""洞天福地"等巨幅题刻，有人称誉三游洞是长江三峡洞景之冠。

明代山水画圣手董其昌说过："大抵诗以山川为境，山川示以诗为境。名山遇赋客，何异士遇知己？一品入题，情貌都尽，后之游者，不待按诸国经，望而可举其名矣。"（《画禅室随笔》卷三《诗译》）这段话也恰好说明：山水泉石以其"形胜"而吸引着士大夫的登临，而士大夫"登山临水咏诗行"的结果，又极大地丰富了自然景物的文化意蕴，山川名胜从而变得更加富有诱人的魅力。

二 群聚兰坡，宴游雅集

人是社会的动物，游山玩水往往是志同道合者结伴而行。每逢佳节盛日，邀约亲朋好友，宴游名山胜水，把酒监樽，宴游雅集，就成为士大夫的赏心乐事。

古代有个节日叫"上巳"。在阴历三月上旬巳日这一天，"官民皆絜（洁）于东流水上，曰洗濯祓除，去宿垢疢，为大絜（洁）"（《后汉书·礼仪志上》）。魏晋以后固定为三月三日。东晋永和九年（353年）三月三日，著名书法家王羲之与当时名士谢安、孙绰、许询等四十人来到会稽山阴兰亭（今浙江绍兴），按照传统风俗习惯洗濯嬉游，修洁净身，祈福消灾。正如王羲之《三月三日兰亭诗序》所记述的那样：

> 永和九年，岁在癸丑，暮春之初，会于会稽山阴之兰亭，修禊事也。群贤毕至，少长咸集。此地有崇山峻岭，茂林修竹，又有清流激湍，映带左右。引以为流觞曲水，列坐其次，虽无丝竹管弦之盛，一觞一咏，亦足以畅叙幽情。是日也，天朗气清，惠风和畅。仰观宇宙之大，俯察品类之盛，所以游目骋怀，足以极视听之娱，信可乐也。

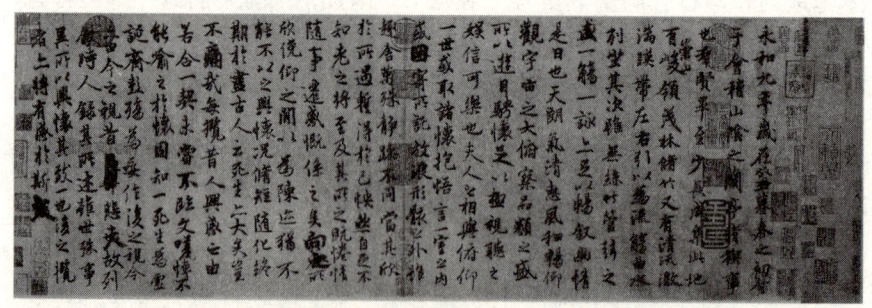

［东晋］王羲之《兰亭序》神龙本（冯承素摹本）

从这篇序记可以看出,东晋时代的"修禊"习俗已经演变成阳春三月的浪漫郊游。在三月三日这样一个天气清爽、春风和畅的时节,这一批东晋名士置身于清美幽雅的兰亭山水之间,流觞曲水,一觞一咏,畅叙幽情,该是何等兴高采烈,欢乐无限啊!不过,像这样邀约众多朋友聚会于山水之间,并非始于兰亭集会。早此五十余年前的金谷集会,在当时已经颇负盛名。

金谷园是西晋富豪石崇的私人别墅,位于洛阳皇城东北,刘家坡北凤凰台金谷涧中。这座依山傍水的别墅,雕梁画栋与茂林修竹掩映交辉,既富丽堂皇而又清幽别致。晋惠帝元康六年(296年),石崇因谄事贾谧,被罢免太仆的官职,出为征虏将军,假节监青、徐州军事,镇守下邳(今江苏睢宁县西北)。赴任之前,遇到征西大将军赵王伦的祭酒王诩将从京城洛阳返回长安,石崇便邀集一大批朋友前往送行,一直送到金谷涧中,在金谷园一连游宴数日,盛极一时。参加这次盛会的有欧阳健(石崇甥)、潘岳、陆机、陆云、左思、刘琨等"二十四友"以及苏绍(石崇妻兄)等人,共足三十之数。他们"昼夜宴游,屡迁其坐,或登高临下,或列坐水滨。时琴瑟笙筑,合载车中,道路并作,及往,令与鼓吹递奏,遂各赋诗,以叙中怀。或不能者,罚酒三斗"(石崇《金谷诗序》)。最后将所赋诗篇编成《金谷诗集》,由石崇这个东道主作序,以记其盛。

《晋书·王羲之传》载,当王羲之等人聚会兰亭之后,有人把他们的兰亭会比为金谷会,把王羲之比为石崇,王羲之"闻而甚喜"。所以后世也常将金谷、兰亭并称。话说回来,由于金谷园主人石崇以敲诈勒索甚至不惜掠夺民膏民脂而暴富,向来为人所不齿,而兰亭集会又有王羲之《兰亭序》这一天下第一行书传世,兰亭雅集品格自高,更富盛名。

一觞一咏的具体情形如何?《兰亭集序》和《金谷诗序》都没有作具体描写,现在来看一看有详细描写的桃花涧雅集。在浙江浦江县(今义乌县西北一带)城东,有一座苍翠高耸的玄麓山,山的西面,源源流出一条蜿蜒的小河,两岸桃树成林,小河因此得名桃花涧。元惠宗至正十六年（1356年）春，郑彦真邀请一些朋友来到这里集会，游赏山水泉石，觞咏于山水之间。宋濂在《桃花涧诗序》中写道：

还至石潭上，各敷鞇席，夹水而坐。呼童拾断樵，取壶中酒温之，实髹觞中。觞有舟，随波沉浮，雁行下。稍前，有中断者，有属联者，方次第取饮。其时轻飙东来，觞盘旋不进，甚至逆流而上，若相献酬状。酒三行，年最高者命列觞翰，人皆赋诗二首，即有不成，罚酒三巨觥。众欣然如约，或闭目潜思，或拄颊上视霄汉，或与连席者耳语不休，或运笔如风雨，且书且歌，或按纸伏崖石下，欲写复止，或句有未当，搔首蹙额向人，或口吻作秋虫吟，或群聚兰坡，夺觞争先，或持卷授邻坐者观，或曲肱看云而卧，皆一一可画。

瞧，那些诗酒相酬唱之人，在聚会时神情各异：有的闭目沉思，欲觅佳句；有的搔首皱眉，字斟句酌；有的挥笔疾书，口吟新成的诗句；有的与邻坐轻声曼语；有的翘首遥望，神思飞越；有的在吹口哨，仿效秋虫的吟唱；有的曲肱山坡，卧看白云，悠闲自得。在这样的雅集唱酬过程中，山水泉石的自然美与亲朋好友间的人情美有机地交融为一体，真可谓是天地人和。唯其如此，历代帝王也乐此不疲。南朝宋文帝元嘉十一年（434年）三月三日，禊饮于乐游苑，颜延年作《三月三日曲水诗序》；齐武帝永明九年三月三日，禊饮朝臣于芳林园，王融作《三月三日曲水诗序》。隋唐时代，这种风俗仍然盛行，只不过把地点改在长安城东的曲江，称为曲江游宴罢了。

曲江流经长安城东南角，水流曲折，又名曲江池。在曲江的西北即是高耸入云的大雁塔，登塔眺望，曲江如在眼底，江塔映衬，景色美妙动人。唐开元年间加以疏凿，“南即紫云楼、芙蓉楼，西即杏园、慈恩寺。花卉周环，烟水明媚”（《剧谈录》）。每当春和景明，王公贵戚、学士大夫以及庶民百姓，都前来游赏，极为壮观。“三月三日天气新，长安水边多丽人”（杜甫《丽人行》）；“穿花蛱蝶深深见，点水蜻蜓款款飞"（杜甫《曲江》）。杜甫诗句所呈现的，正是这旖旎风光和肆意游赏的一个侧面。

曲江游宴之所以负有盛名，还因为祝贺新科进士的曲江宴也在此举行。曲江宴设在曲江岸边的杏园，故亦称杏园宴。宴会正值阳春三月杏花怒放的时节。饮美酒，赏名花，对于那些十年寒窗苦读、一朝天下扬名的进士来说，还有什么比这更令人陶醉的呢？"春风得意马蹄疾，一日看尽长安花"，年已四十六岁的中唐诗人孟郊在《登科后》中的这两句诗，为进士们的曲江宴会传神写照，是如此维妙维肖，真是写绝了。刘沧的《及第后宴曲江》则更为直接全面：

> 及第新春选胜游，杏园初宴曲江头。
> 紫毫粉壁题仙籍，柳色箫声拂御楼。
> 霁景露光明远岸，晚空山翠坠芳洲。
> 归时不省花间醉，绮陌香车似水流。

显然，宴会的繁华热闹之景，进士的志得意满之情，都深深地浓缩在这五十六字当中。由于诗体的限制，曲江宴的许多赏心乐事，刘沧还没有一一写进诗里。除了题名雁塔，醉卧花丛，以及上面提到的骑马赏花以外，进士们还在月灯阁聚会"击拂"（即打马球），然后"痛饮于佛阁之上"，甚至有可能被那些"钿车珠鞍，栉比而至"的公卿豪贵择为东床快婿（见《唐摭言》卷三）。所有这一切，都显出进士们宴游曲江的浪漫氛围和热情奔放、开朗昂扬的生命

[明] 崔子忠《杏园夜宴图》

情怀。

像兰亭、曲江这样的宴集游赏，都是"师出有名"的正式聚会，受时间、地点和条件的限制较多。因此，对于文人士大夫来说，更经常更随意的宴游则是邀约亲朋好友寻幽探胜。

被谢灵运称为"不及世事，但美遨游"（《拟魏太子邺中集诗》）的曹植，在《节游赋》中对其宴游生活作了如下描写：

  于是仲春之月，百卉丛生，萋萋蔼蔼，翠叶朱茎。竹林青葱，珍果含荣，凯风发而时鸟欢，微波动而水虫鸣。感气运之和润，乐时泽之有成。遂乃浮素盖，御骅骝，命友生，携同俦。诵风人之所叹，遂驾言而出游。步北园而驰骛，庶翱翔以写忧。望洪池之滉漾，遂降集乎轻舟。沉浮蚁于金罍，行觞爵于好仇……

在融融春光中，曹植呼朋唤侣，肆意遨游，或漫步于北园，或荡桨乎洪池，把酒引觞，吟诗唱和，好不逍遥自在。

东晋大诗人陶渊明辞官归隐以后，也曾在一个春天与几个乡邻一同出游庐山东南的斜川。他们"临长流，望曾城"（山名，一名江南岭，又名天子鄣），开怀饮酒，"率尔赋诗"，欢乐融融（《游斜川序》）。在《游斜川》诗中，陶渊明这样写道：

  开岁倏五日，吾生行归休。
  念之动中怀，及辰为兹游。
  气和天唯澄，班坐依远流。
  弱湍驰文鲂，闲谷矫鸣鸥。
  迥泽散游目，缅然睇曾丘。
  虽微九重秀，顾瞻无匹俦。
  提壶接宾侣，引满更献酬。
  未知从今去，当复如此不？

中觞纵遥情，忘彼千载忧。

且极今朝乐，明日非所求。

诗人一行在溪水岸边依长幼顺序围坐在一起。面对湖水浩荡、山峦高耸、鱼翔鸥鸣的大自然，好不开怀，提起酒壶在宾朋间传递，斟满酒杯互相劝酬，即兴赋诗，把一切忧愁都抛到九霄云外。

［隋］展子虔《游春图》

在宴游雅集中，诗酒唱酬向来是文人学士表达雅兴的重要方式。一般地讲，这种诗篇通常是对游宴情景的描绘和游宴心情的抒发。例如，孟浩然《宴荣二山池》写道：

甲第开金穴，荣期乐自多。

枥嘶支遁马，池养右军鹅。

竹行携琴入，花邀载酒过。

山公来取醉，时唱接篱歌。

应朋友荣二（生平不详）之邀，孟浩然来到荣二格调超逸、风流儒雅的居处，在山池周围宴游，他们携琴入竹，载酒访花，酒兴诗情极为高昂。诗人向主人表示，一定要醉歌而回。

如果宴游雅集时还有音乐来助兴娱人，那就更加美妙了。《诗经·小雅·鹿鸣》早就说过，"我有嘉宾，鼓瑟吹笙"，"鼓瑟鼓琴，和乐且湛"。古诗《今日良宴会》也说："今日良宴会，欢乐难具陈。弹筝奋逸响，新声妙入神。"后世文人学士，宴游雅集之时自然要如法炮制。苏轼在徐州，王子立、子敏皆馆于官舍；蜀人张师厚来拜访，二王方年少，吹洞箫，饮酒杏花下。苏轼为作《月夜与客饮杏花下》一诗记其事：

> 杏花飞帘散余春，明月入户寻幽人。
> 褰衣步月踏花影，炯如流水涵青萍。
> 花间置酒清香发，争挽长条落香雪。
> 山城酒薄不堪饮，劝君且吸杯中月。
> 洞箫声断月明中，唯忧月落酒杯空。
> 明朝卷地春风恶，但见绿叶栖残红。

[五代] 赵喦《八达游春图》

与器乐相联系，"度曲"而歌的声乐更是宴游间难得的雅兴。淳熙十三年（1186年）七月十六日，姜夔应主管长沙湖河船舶的长溪人杨声伯的邀请，与赵、萧两家兄弟同游湘水。姜夔在《湘月》一词的序中对这次游览作了这样的叙述：

> 丙午七月既望，（杨）声伯约予与赵景鲁、景望、萧和父、裕父、时父、恭父，大舟游湘，放乎中流，山水空寒，烟月交映，凄然其为秋也。坐客皆小冠练服，或弹琴、或浩歌、或自酌、或援笔搜句。予度此曲（指《湘月》），即《念奴娇》之鬲指声也，于双调中吹之。

在漫游湘水的过程中，姜夔即兴作词谱曲，创作了《湘月》这首词曲，当即吹奏，其中乐趣难以形容。遗憾的是，我们没法欣赏《湘月》的动人旋律，只有欣赏他的《湘月》词：

> 五湖旧约，问经年底事，长负清景？暝入西山，渐唤我，一叶夷犹乘兴。倦网都收，归禽时度，月上汀洲冷。中流容

与，画桡不点清镜。　谁解唤起湘灵，烟鬟雾鬓，理哀弦鸿阵。玉麈谈玄，叹坐客，多少风流名胜。暗柳萧萧，飞星冉冉，夜久知秋信。鲈鱼应好，旧家乐事谁省？

传统上，雅集常伴随赏山悦水、品茶饮酒、题诗作画、拍曲听琴等文化活动。但宴游雅集时尽情表达风雅兴会的项目并非一成不变，总是随着时代的发展因人因事而呈现出多彩多姿的面貌。

[宋] 马远《西园雅集图》（局部）

宋元祐二年（1087年）六月，苏轼、苏辙、黄庭坚、李公麟、米芾等人在王诜（字晋卿）家的西园举行了一次盛大聚会。雅集场面如何呢？请看米芾《西园雅集图记》中的描绘：

> 其乌帽、黄道服提笔而书者，为东坡先生；仙桃巾、紫裘而坐观者，为王晋卿；幅巾青衣、据方几而凝伫者，为丹阳蔡天启；捉椅而视者，为李端叔。后有女奴，云鬟翠饰，倚立自然，富贵风韵，乃晋卿之家姬也。孤松盘郁，上有凌霄缠络，红绿相间，下有大石案，陈设古器瑶琴，芭蕉围绕。坐于石盘旁，道帽紫衣，右手倚石，左手扶卷而观书者，为苏子由；团巾茧衣，手秉蕉箑而熟视者，为黄鲁直；幅巾野褐，据横卷画渊明归去来者，为李伯时；披巾青服，抚肩而立者，为晁无咎；跪而捉石观画者，为张文潜；道巾素衣，按膝而俯视者，为郑靖老。后有童子执灵寿杖而立。二人坐于盘根古桧下，幅巾青

衣，袖手侧听者，为秦少游；琴尾冠、紫道服、摘阮者，为陈碧虚。唐巾深衣，昂首而题石者，为米元章；幅巾，袖手而仰视者，为王仲至。前有鬈头顽童捧古砚而立，后有锦石桥，竹迳缭绕于清溪深处，翠阴茂密，中有袈裟坐蒲团而说《无生论》者，为圆通大师；旁有幅巾褐衣而谛听者，为刘巨济。二人并坐于怪石之上，下有激湍潺流于大溪之中。水石潺湲，风竹相吞，炉烟方袅，草木自馨。人间清旷之乐，不过如此。

瞧，这些"雄豪绝俗之姿，高僧羽流之杰"，多么潇洒自得，或写诗，或看书，或作画，或题石，或讲经，或旁观静听，其儒雅风流的姿态神情，千载而下犹令人神往。

如此看来，宴游雅集作为士大夫陶醉在山水美景中的赏心乐事，的确值得大书特书。士大夫向来重视对雅集的记载。前面提到的石崇《金谷园诗序》、王羲之《兰亭集序》、颜延年《三月三日曲水诗序》、王融《三月三日曲水诗序》、宋濂《桃花涧修禊诗序》等，都是专门为记述雅集宴游而作。在这里，"序"是专门描写盛会场面和宴饮之乐的一种叙事性文体。再如骆宾王《晦日楚国寺宴序》、王勃《越州秋日宴山亭序》、陈子昂的《晦日宴高氏林亭序》、李白《春夜宴诸弟桃花园序》、独孤及《建丑月十五日虎丘山夜宴序》、柳宗元《陪永州崔使君游宴南池序》，等等，都是这类文字。其中最负盛名的，还是要数王勃的

［明］唐寅《落霞孤鹜图》

《秋日登洪府滕王阁饯别序》。

唐高宗时,洪州都督阎公(一个姓阎的人,名不可考)在滕王阁(故址在今江西南昌市)大宴宾客。席间阎公摆出纸笔,请宾客作文,其实是想让他的女婿将事先构思好的序文在席间写出,以夸耀一番。宾客知其用意都在谦让。应邀参加这次宴会的王勃不知原委,毫不客气,一挥而就,写下《滕王阁序》。据《唐摭言》记载,当时阎公见王勃毫不辞让,老大不高兴,拂衣而起,令人伺其下笔。第一报云:"南昌故郡,洪都新府",公曰:"是亦老生常谈"。又报云:"星分翼轸,地接衡庐",公闻之,沉吟不言,及至写到"落霞与孤鹜齐飞,秋水共长天一色"两句,公闻报,矍然而起,曰:"此真天才,当垂不朽矣!"遂亟请宴所,极欢而罢。《滕王阁序》的确也成为千古传颂的美文。

当然,文字记述毕竟不如丹青图画那样以具体可感的形象直接呈现在人们眼前。宋元以后,士大夫更喜欢用图画来表现雅集宴游的场面。曾参与王诜西园雅集的北宋著名画家李公麟,就曾挥笔而作《西园雅集图》来描绘其盛况。北宋著名书法

[明] 沈周《卧游图》之一

家米芾在《西园雅集图记》开篇就大加称赞说:"李伯时(公麟字)效唐小李将军为著色泉石云物草木花竹,皆绝妙动人,而人物秀发,各肖其形,自有林下风味,无一点尘埃气,不为凡笔也。"

元代著名画家王蒙《林泉清集图》轴,前景写古松数株,枝干盘曲有姿;泉水从岩间涌出汇成一池,草堂数间横列松下;堂外有数人坐坡上畅饮;远山高耸,山头重叠,林木苍郁。图上自识曰:"林泉清集,至正廿七年(1367年)暮春,黄鹤山人王子蒙为士文画于吴门舍。"也

是描绘王蒙与朋辈雅集情景的作品。

后来,雅集更成为绘画艺术中的传统题材。例如,明代画家文徵明《兰亭修禊图》,清代画家张宏《兰亭雅集图》,都是描绘王羲之等人在兰亭曲水流觞情景的著名作品。为了避免行文的重复,不再详细描绘其画面所展现的雅集场景了。

总之,雅集宴游不仅游赏山水风光,畅饮芬芳美酒,而且还有诗文书画的创作与交流,的确是深深地植根于士大夫心灵深处的一种风雅生活方式与生活情调。

三 不下堂筵,坐享泉壑

[现代] 黄宾虹《严子陵钓台》

登临吟咏,山觞水酌,陶醉在名山胜水之中,既有说不清道不明的快乐,又会产生"水远山长看不足"(欧阳炯《南乡子》)的遗憾。怎样才能达到圆满无憾的境界呢?宗炳提出了一个巧妙的解决办法,这就是"卧游"。

宗炳是南朝画家。他生于晋宁康三年(375年),卒于宋元嘉二十年(443年),字少文,南阳涅阳(今河南镇平)人,出身士族名门,家居江陵(今属湖北),朝廷屡次征诏,他都不出来做官。问他不出仕的原委,回答是"栖丘饮谷,三十余年",说自己长期隐居,早已过惯悠游自在的生活。宗炳酷爱山水,喜欢远游,每次出门,总是乐而忘归。在妻子罗氏去世以后,宗炳只身远游,"西陟荆、巫,南登衡岳"。

还在衡山修盖房屋，打算长期居住在那里，直到后来年老多病，才回到江陵旧居。对此，宗炳深感遗憾，以为"老病俱至，名山恐难遍睹，唯当澄怀观道，卧以游之"（《宋书·宗炳传》）。

宗炳"卧以游之"的方式，就是把他平生游览所见的山水，"皆图于室"，在家里把山川景物描绘出来，然后在对山水画的观赏中，"寓目骋怀"，获得亲临山水游览的感觉。这样，一个人足不出户，却也可以通过观赏山水画来"游览"名山大川。为了增强这种"卧游"的真实感，宗炳面对画中山水，还在一旁"抚琴动操"，弹琴啸歌，并对人说这是"欲令众山皆响"（《宋书·宗炳传》），显得十分天真烂漫。

所谓"卧游"，说穿了不过是一种"想象"之游。早在西晋，陆机《文赋》就曾说过："收视反听，耽思傍讯；精骛八极，心游万仞……倾群言之沥液，漱六艺之芳润；浮天渊以安流，濯下泉而潜浸……观古今于须臾，抚四海于一瞬。"这虽是描述创作过程的艺术想象，却也揭示了宗炳所谓"卧游"的心理机制：在想象中把握奇异的山水风光。

在想象的世界里，一个人的确可以神思飞越，畅游名山大川。明代理学大师陈献章（1428—1500年），居住在广东新会白沙村，曾在那里筑阳春台读书，静坐其中，数十年足不出户，以为"观书博识，不如静坐"。然而他非常向往南岳七十二峰的胜景，多次想前去登临游览，结果先以老母在堂不能离开，后因年老多病而未能成行，始终未能如愿。他朝思暮想，在想象中神游南岳，写下诸如"东风天外至，南岳梦中身"（《春日写怀》），"衡岳千寻云万寻，丹青难写梦中身"（《寄李世卿》），"高咏祝融峰顶月，与君当作逍遥游"（《忆衡山呈世卿》）等大量魂牵梦萦于南岳的诗句。甚至梦见自己与南极仙翁一同在衡山饮酒，并有洪崖、寿崖两人在旁歌诗助兴，他即席吟诗一首："衡岳去天能几何？一棵松树月明多。南极仙翁骑鹿过，一瓢斜月两崖歌。"陈献章还把游览分为三种：计程而往为形游；心思之间，不疾而速，不行而至为神游；与道同流，与天地万物同体为天游。按照他自己的理论，陈献章对于南岳的游历自然是"神游"乃至"天游"了。

清人郑日奎在《游钓台记》一文中对"神游"的情形作了极为生

动形象的描述：

　　山既奇秀，境复幽茜（僻静葱碧），欲舣舟（停船靠岸）一登；而舟子固持不可，不能强（勉强），因致礼焉（于是对钓台致以敬礼），遂行。于是足不及游，而目游之。俯仰间，清风徐来，无名之香，四山飘至，则鼻游之。舟子谓滩水佳甚，试之良然（果然如此），盖是即陆羽所谓十九泉也，则舌游之。顷之，帆行风转，瞻望弗及矣。返坐舟中，细绎（仔细寻究）其峰峦起止、径路出没之态，惝恍间如舍舟登陆，如披草寻磴（石头台阶），如振衣最高处。下瞰群山趋列，或秀静如文（文臣），或雄拔如武（武将），大似云台诸将相，非不杰然卓立，觉视先生（指严光），悉在下风。盖神游之矣。思稍倦，隐几卧，而空濛滴沥之状，竟与魂魄往来，于是乎并以梦游，觉而日之夕矣。舟泊前渚（水中小岛），人稍定，呼舟子劳以酒，细询之曰："若（你）尝登钓台乎？山中之景何若？其上更有异否？四季云物（景物），何如奇也？"舟子具能悉之，于是乎并以耳游。嘻嘻，快矣哉，是游乎！

　　钓台，相传是东汉严子陵钓鱼的地方，一名严陵濑（lài），在今浙江桐庐西富春山。郑日奎《小方壶斋舆地丛钞》中的这篇游记，写自己奉命北上，舟行经过钓台，极目游望，心驰神往，至于梦魂登临，异想天开地构成一种自我满足的神游，还在文中提出了"以为游，则亦游矣"的"理论"，兴趣盎然地描写了所谓"目游""鼻游""舌游""神游""梦游"以及"耳游"的种种游历方式和游历快意。其实，都不过是"神游"而已。

　　陈献章、郑日奎的"梦游""神游"，看起来有点虚无缥缈，不切实际，却以极端的形式为宗炳的"卧游"下了两个极好的注脚。通过这两个特殊的例子，我们可以更好地理解"卧游"是怎么一回事了。

　　为了更好地在想象的世界里游览名山大川，宗炳强调以"模山范水"的山水画作为依托来展开想象。他在《山水画序》中说:"眷恋庐衡,契阔荆巫,不知老之将至。愧不能凝气怡身,伤砧石门之流。于是画象布色,构兹云岭。"这几句话意思是说,为了长期生活在名山胜水之中,他才创作山水画。在宗炳看来,一个人面临图画中的山水,如同面临自然界的山水一样,可以"闲居理气,拂觞鸣琴,披图幽对,坐究四荒,不违天励之丛,独应无人之野","融其神思",大畅其神,获得精神的极大愉悦。宗炳为实现"卧游"的理想而肆意描绘山水,其结果却是极大地推动了山水画的发展。

本来,图画自然山水,早在先秦即已出现。杜预注《左传》云,"禹之世","图画山川奇异"。王逸注《楚辞·天问篇》说:"楚有先王之庙及公卿祠堂,图天地山川、神灵、琦玮、儒佹及古贤圣怪物行事。"但直到汉魏,山水还只是人物画的背景。到了东晋,山水画才得以发育滋长。顾恺之在《论画》中指出:"凡画,人最难,次山水,次狗马……"而他的《画云台山记》已经专门讨论了山水画如何布局设色、如何画山石等技法。可见这时期的山水画已经初步独立成科。据记载,顾恺之有《庐山图》《雪霁图》《望五老峰》,夏侯

[北宋] 郭熙《早春图》

瞻有《吴山图》,戴逵有《吴溪山邑居图》,戴勃有《九州名山图》等山水画,可惜皆已失传。到南朝刘宋时代,"宗炳、王微皆拟迹巢由,放情林壑,与琴酒而俱适,纵烟霞而独往"(唐张彦远《历代名画记》),专门从事山水绘画,使山水画创作在绘画艺术中蔚为大观。

为了"卧游"于山水画中,宗炳强调在创作山水画的时候,应当"身所盘桓,目所绸缪,以形写形,以色貌色",形神兼备地描绘山川

景色，使观画者"目亦同应，心亦俱会，应会感神，神超理得"（《山水画序》），进入一种绝妙的境界。

这种以形写神、形神兼备的美学追求，在以后的山水画中得到发扬光大。北宋著名画家郭熙在《林泉高致·山水训》中总结山水画创作经验时指出：

> 世之独论，谓山水有可行者，有可望者，有可游者，有可居者……但可行可望，不如可居可游之为得。何者，观今山川，地占数百里，可游可居之处，十无三四。而必取可居可游之品，君子之所以渴慕林泉者，正谓此佳处故也。故画者当以此造意，而鉴者又当以此意穷之。此之谓不失其本意。

郭熙认为山水画的"本意"，就是画家创作出"可居可游"的画中山水，让欣赏画的人感受到画中山水是那样真切自然，仿佛"可居可游"一般，让人"不下堂筵，坐享泉壑"，获得如同现实生活中游山玩水一样的审美享受。

一个人真的能够像宗炳所说的那样，面对山水画而进行"卧游"吗？其实，在宗炳提出"卧游"之前六十多年，东晋名士孙绰已经进行了一次卧游。孙绰本是一位爱山水、喜游览的人物，他写过著名的《游天台山赋》。不过，孙绰并未真正游览过天台山，只是面对图画作了一番"神游"。正如他在《游天台山赋》序中所说的那样，当他看到描绘天台山的图画，就感受到了天台山的峥嵘险峻，幽深奥僻，于是"远寄冥搜"，"遥想而存之"，"驰神运思，昼咏宵兴，俯仰之间，若已再升"。正是在这种情形下，他"奋藻以散怀"，挥笔写下著名的《游天台山赋并序》，抒发自己"浑万象以冥观，兀同体于自然"这样一种主观与客体浑然一体的心理感悟。

在宗炳提出"卧游"之后，除他本人而外，也有不少人在尝试卧游的生活方式。宋代词人汪莘在他的《沁园春·忆黄山》其二之《序》中说："挂黄山图十二轴，恰满一室，觉此身在黄山中也，赋此词寄天都峰下王道者。"在词中又进一步说:"觉仙峰六六,满堂峭峻;仙溪六六,绕屋潺湲。行到水穷,坐看云起,只在吾庐寻丈间。"宋人袁文更是自称:"平生无所嗜好,独于书画颇拳拳焉。故于所居之东偏辟一小轩,榜曰'卧雪',每日徜徉其中,自读书作字外,则取古书画展玩披览,未尝去手。"(《瓮牖闲评》卷八)这些,都是追求卧游情趣的典型例子。

在以山水画作为"卧游"之具的同时,中唐以后,那缩天移地的园林,也成为士大夫更为形象更为逼真的"卧游"之所。唐代白居易在他的《池上作》诗中说:"此池便可当长江,欲榜茅斋来荡漾。"看到池中流水,想到的却是长江巨流,这不正是卧游么?南宋

[清] 郑板桥《竹石图》

范成大面对园宅中"一峰峭竖特起,有昂霄之意"的山石"天柱峰",就曾以无比自豪的口吻说:"我今卧游长掩关,却寓此石充灊山。形摹三尺气万仞,世间培塿何由攀。"仿佛自己真的攀登在崇山峻岭之中。(《范石湖集·诗集》卷二十五)南宋词人张孝祥更名其斋曰"游无穷",并说:"人之小,思无不至也,一息之顷,北可以燕,南可以越。夫物之善游,莫心若也。"(《游无穷斋记》)显然是卧游园林了。

到了清代,著名画家郑板桥更是把园林和绘画结合起来论述"卧游"。他在《题画·竹石》中说:

十笏茅斋,一方天井,修竹数竿,石笋数尺……非唯我爱竹石,即竹石亦爱我也……吾辈欲游名山大川,又一时不得即往,何如一室小景,有情有味,历久弥新乎!对此画,构此境,何难敛之则退藏于密,亦复放之可弥六合也。

在郑板桥看来,当渴望游览名山大川而又一时不能前往的时候,在有竹有石的茅屋里欣赏山水画,神思飞越,即可漫游于天地之间。清末画家和画论家汤贻芬也说:"善悟者,观庭中一树,便可想见千林;对盆里一拳,亦即度知五岳。"(《画筌析览·总论第十》)同样是强调画家必须善于在园林之中"卧游"天下名山大川。

园林作为天下名山大川的一个缩影,有山有水,有花有木,虽经人工的培植,却与自然山水无异,置身其中,本来就有几分像在画图之中,现在又在园林中图绘自然山水,无疑是更加理想的"卧游"了。

在绘画艺术当中,历代山水画家都非常重视以"卧游"为旨趣的山水画创作。宋代陈师道在他所作的《溪山图》轴上自题曰:"石山如画绕朱栏,玉涧飞流拂面寒。欲叩无缘避烦暑,卧游唯向画中看。"明代陆治作《云峰林谷图》轴,写云峰林谷白云泉流,一个隐居的高士席地端坐,表现出画家理想中那种摆脱尘世、陶然于山水的高情雅致。画左上角题诗曰:"屏间雪练空中落,天外云峰阙处明。时听朗吟林谷应,苍崖疑有卧游人。"清代画家程正揆根据自己游览的经历画过数百个山水卷,都以《江山卧游图》为题。所有这一切都表明,"卧游"的确是士大夫心向神往的生活方式和艺术情趣。

清代"扬州八怪"之一的罗聘在其传世之作《剑阁图》轴上写下了这样的题记:

> 水屋先生将入蜀赴简州(今四川简阳)任,索予作剑阁图,嘻!予何从而得睹剑阁之状哉。因展太白《蜀道难》一篇读之,戏成此纸,然亦不过予意中之剑阁耳。先生诗画雄于北地,从此历险蹬,经奇崖,不妨遇之目而会于心,作一巨幅以寄我,使我神游卷轴间,见剑阁,见先生也。两峰弟罗聘。

罗聘因水屋先生入蜀而作《剑阁图》相赠。但这仅仅是他根据李白《蜀道难》诗而作的"意中之剑阁",他更希望水屋先生到了蜀地以后"历险蹬,经奇崖",根据亲身经历创作一幅"可游可居"的剑阁图寄给他,以便"神游于卷轴间",观画而"见剑阁"。对于"卧游"的心向神往之情,真可谓跃然纸上。

"卧游",不仅是士大夫创作山水画的动机,而且还是评论山水画的尺度。北宋画家萧照作《山腰楼观图》轴,绢本水墨,纵一百七十九点三厘米,横一百一十二点七厘米。画幅近处,为临江高崖,巨石直上云端,山上楼阁隐现。山下有舟舶岸,一人俯首弯腰正欲登山,山间小径宛如素带,嵌于峭壁之上。没入江中的巨石上有一个点景人物,正在指点江山,沉醉于景色之中。画中山石笔墨浓重、顿挫,勾勒得棱角毕露,石间杂树以夹叶法勒出,笔法刚健,结体圆浑,树木或置于空白处,或衬于山岩暗处,树姿都相当显明。全画虚实对比鲜明而又浑然一体,意境深远。前人评曰:"不雨石林元自湿,无云山路只长迷"。《四朝闻见录》更明确

[清] 罗聘《剑阁图》

地说道:"萧画无他长,唯能使玩者精神如在名山胜水间,不知其为画尔。"

洪迈在《容斋随笔》中说:"江山登临之美,泉石赏玩之胜,世间佳境也,观者必曰'如画',故有'江山如画''天开图画即江山''身在画图中'之语。"反过来说,卧游山水林泉,即创作和欣赏栩栩如生的山水,恰恰圆了士大夫陶醉山水自然而又艺术化地拥有人生的美丽梦想。梦想成真的时候,事实上创作了山水画这一极富中国特色的艺术世界。直到今天,历代画家的山水画依然能够使我们"卧游"其中而获得不尽的艺术享受。

第四章

求仙参禅,原来与山水之乐同趣

尽管士大夫投入大自然的怀抱可以感受和拥有无限的乐趣，但无论栖隐烟霞的逍遥自在，还是营造园林的现实享受，抑或游山玩水的风流倜傥，都没有从根本上解决人生所面临的两个基本问题：如何对待生死，如何处理个人与社会的矛盾冲突？带着人生终极关怀的困惑，士大夫企图到佛教、道教之中去寻求解答。于是，士大夫往来于名山大川，在寺院宫观中礼佛访道，参禅求仙。在此过程中，却又往往回到对山水泉石的审美逍遥，因为中国的佛教、道教与山水自然本来就难以割舍。

一　游仙其实是游山

死亡是对人生的最大威胁。怎样才能突破生死的限制，使生命得以长生不老？这在科学昌明的今天，纯属虚妄之事。而我们的古人却在认真地思考这个问题。

春秋战国之际，庄子有感于人生有涯，多受拘束，就幻想着有一种超越生死大限的"神人""圣人"。他在《逍遥游》中说："藐姑射之山，有神人居焉，肌肤若冰雪，绰约若处子。不食五谷，吸风饮露，乘云气，御飞龙，而游乎四海之外。"在《齐物论》中又说："至人神矣，大泽焚而不能热，河汉沍而不能寒。"这种"神人""圣人"，不食人间烟火，不怕水火侵害，腾云驾雾，来去自由，青春常在，的确令人神往不已。

后来燕齐一带又产生了这样的神话传说：渤海中有蓬莱、方丈、瀛洲三座神山，上面居住着长生不死的"仙人"，还有吃了可以成为神仙的药物。于是，求得不死之药而成为仙人，就成为古代帝王的普遍追求。《史记·封禅书》记载，战国时代齐威王、齐宣王、燕昭王都派人到渤海中的三座神山去求不死之药。后来秦始皇、汉武帝都认为"不死之药可得，仙人可致"，热衷于东巡，架桥渡海，去寻求那缥缈的神仙、神药。

庄子那"神人""至人"的浪漫幻想和蓬莱、方丈、瀛洲的神话传说，为后世道教提供了理想世界的原型：神仙，或者说仙人。《释名·释长幼》曰："仙人者，或竦身入云，无翅而飞；或驾龙乘云，上造天阶；或化为鸟兽，游浮青云；或潜行江海，翱翔名山；或食元气；或茹芝草；或出人间而不识；或隐其身而莫之见。而生异骨，体有奇毛，率好深僻，不交流俗。"由此可见，道教的神仙不同于一般鬼神，不是生活在冥冥之中的精灵，而是现实生活中个体生命的无限延伸和直接升华。神仙的最大特点，一是形如常人却能长生不死，二是逍遥自在而又神通广大。

产生于东汉后期而流传至今的早期道教经典《太平经》就为人们编造了一个神仙系统。它由上而下，分为六等："一为神人，二为真人，三为仙人，四为道人，五为圣人，六为贤人"。这个系统如同云梯，最初两级衔接着人间的最高层次，再往上便超出人间，高耸于神仙世界。《太平经》还认为，尽管现实生活中的人并非个个都能成为神仙，只要为善学道，就可以得到命运所允许的最好结果，多数人可以"竟其天年"；"有天命者，学之必得大度；中贤学之，亦可得大寿；下愚为之，可得小寿"。晋代葛洪在《抱朴子内篇》中更是极力宣扬"仙人无种"，只要服食"九丹金液"，"宝精行气"，就可以成为神仙。

道教神仙理想的提出，为人们指出了一条超越生死的道路。为了使人们更加相信可以通过学习修炼而成为神仙，道教徒又编造了许多凡人成仙的故事。譬如说：周灵王太子王子乔爱好吹笙，随道士浮丘

［清］袁耀《蓬莱仙境图》

公上嵩山学道成仙，三十余年后才骑鹤归来，与家人见面，然后又骑鹤飞上天去。（刘向《列仙传·王子乔》）又如辽东人丁令威学道成仙，千年后化作白鹤回到故乡，停在城门华表柱上，口吐人语："有鸟有鸟丁令威，去家千年今始归，城郭如故人民非，何不学仙冢垒垒。"然后又振翅冲天而去。（《搜神记》卷一）不仅人可以得道升天，连鸡犬也可以升天。王充《论衡·道虚》记载说，汉代的淮南王刘安潜心学道，服用了天下有道之人献出来的奇方异术，就得道升天，鸡犬吃了剩下的仙药，也随之飞上天去。

　　魏晋之际的士大夫面对动乱不已的现实社会，深感自己性命难保，都渴慕学道为仙，到天上去过那种长生不死、自在逍遥的神仙生活。黄初年间，当曹植感到"人生不满百，戚戚少欢娱"的时候，他就企求羽化飞升，在天空中肆意遨游，"翱翔九天上，骋辔远行游。东观扶桑曜，西临弱水流，北极登玄渚，南翔陟丹丘"（《游仙》），去寻找理想的仙境，光明的乐土，以摆脱现实的羁绊，驱除无边的黑暗。曹植的同时代人成公绥也同样感慨于"盛年无几时，奄息行欲老"，打算从仙学道，"西入华阳山，求得神芝草"，以求长生不老，"但愿寿无穷，与君长相保"（《游仙诗》）。

［唐］吴道子《八十七神仙卷》

人们相信,得道成仙,美妙无比。笃好仙道而后被葛洪《神仙传》列为神仙的淮南王刘安在《八公操》诗中认为,得道成仙之后,可以羽化飞升,"超腾青云",在浩瀚的天空自由驰骋,观星宿之璀璨,食芝草之精英,"驰乘风云",役使"玉女",优哉游哉而又永生不殒,威武雄壮而得老大相保。葛洪的《上元夫人步玄之曲》更是浓墨重彩地把天上仙境描绘得绚丽辉煌:

忽过紫微垣,真人列如麻。
渌景清飚起,云盖映朱葩。
兰宫敞朱阙,碧空起琼沙。
丹台结空构,昈晔生光华。
飞凤跟鸢峙,烛龙倚委蛇。
玉胎来降芝,九色纷相挈。
挹景练仙骸,万劫方童牙。
谁言寿有终?扶桑不为查。

你看,仙境中澄波倒景,清飚乍起,彩云如盖,红花相映;仙宫中,兰花叶幽,朱阙飘香;碧空里,雪花轻扬,如琼似玉;仙人所居,飞檐凌空,光彩耀耀,灿烂无比;……在这里,有玉膏流出历经万年而凝成的仙芝可供享用;在这里,可采日月之光华,练成万劫不坏的"仙骸",长生不老,其乐无穷。这样的神仙境界,对士大夫自然是很有吸引力的。

如果说魏晋时人对神仙的企求主要是一种对仙境的神往,从而进行"神游"式的"游仙",那么初盛唐时人则把"游仙"变成了一种实际行动:在"游山"中希求

[明] 戴进《洞天问道图》

得道成仙。

随着道教在魏晋至隋唐数百年间的不断发展，神仙系统也在不断扩大，神仙的居处之地也由天上扩展到人间。除了保留早期神话传说中的蓬莱、方丈、瀛洲等神仙居住所在地以外，在天上，有万神之神的元始天尊所居的玉京山，有太上老君的太空琼台洞真之殿，有西王母所居的昆仑山；在人间，则有"十洲""十大洞天""三十六小洞天""七十二福地"。

所谓"洞天福地"，其实都是神州大地上清幽秀丽的名山大川，只不过被"神化"为神仙所居的胜境。且不一一遍举"三十六小洞天"和"七十二福地"，单就著名的"十大洞天"来说，其实是指王屋山、委羽山、西城山、西京山、青城山、赤城山、罗浮山、句曲山、林屋山和括苍山。

［明］李士达《仙山楼阁图》

在人间山清水秀的"洞天福地"，道教信徒纷纷建立道观，修道炼丹，弄得香烟缭绕，"仙气"飘飘，使自然山水蒙上一层神秘的色彩，俨然真的成了仙山琼阁。难怪后世不断产生有人入山遇仙的传说。刘晨、阮肇上天台山遇到两位仙女，随她们在仙山里停留半年，回来才发现他们的子孙都已过了七世（刘义庆《幽明录》）。王质入石宝山中伐木，看见几个仙童一边下棋一边唱歌，就在一旁观棋听歌。仙童给他一个形如枣核的东西含在嘴里，便不觉饥饿。等仙童催他归去的时候，所带斧头的木柄都已烂尽。回到乡里，早已没有他同时代的人了（任昉《述异记》卷上）。这样一来，那些崇信仙道的士大夫就可以在畅游名山大川之际，实现"游仙"的梦想。

既然仙山琼阁并不在那高不可攀的天国，也不在那虚无缥缈的海市，而是在耸立于大江南北的名山大川。这又怎能不激起酷爱大自然而又信奉仙道的士大夫前去"游仙"呢？

　　当谢灵运惊异于永嘉江心孤屿的美丽时，就"想象昆山姿，缅邈区中缘。始信安期术，得尽养生年"（《登江中孤屿》），以为这就是人间仙境。而被贺知章呼为"谪仙人"的李白，在他"五岳寻仙不辞远，一生好入名山游"（《庐山谣寄卢侍御虚舟》）的游历过程中，更是以天真烂漫的想象，去捕捉、去感悟、去描写所谓的人间仙境。他游泰山时，"朝饮王母池，瞑投天门阙。独抱绿绮琴，夜行青山间"（《游泰山六首》之六）。一路上"仙人游碧峰，处处笙歌发"（《游泰山六首》之六），为他的登临助兴。于是，诗人"登高望蓬瀛，想象金银台"。恍兮惚兮，玉女从天而降，"玉女四五人，飘飘下九垓。含笑引素手，遗我流霞杯"（《游泰山六首》之一）。李白也就随之进入仙境，"扪天摘匏瓜，恍惚不忆归"（《游泰山六首》之六）。"十五游神仙，仙游未曾歇"（《感兴八首》之五）的李白，即使在梦中，也不忘畅游仙山。他在著名诗篇《梦游天姥吟留别》中写道：

　　　　　　　　天姥连天向天横，势拔五岳掩赤城。
　　　　　　　　天台四万八千丈，对此欲倒东南倾。
　　　　　　　　我欲因之梦吴越，一夜飞度镜湖月。
　　　　　　　　湖月照我影，送我至剡溪。
　　　　　　　　谢公宿处今尚在，渌水荡漾清猿啼。
　　　　　　　　脚著谢公屐，身登青云梯。
　　　　　　　　半壁见海日，空中闻天鸡。
　　　　　　　　千岩万转路不定，迷花倚石忽已暝。
　　　　　　　　熊咆龙吟殷岩泉，栗深林兮惊层巅。
　　　　　　　　云青青兮欲雨，水澹澹兮生烟。
　　　　　　　　列缺霹雳，丘峦崩摧。
　　　　　　　　洞天石扇，訇然中开。

青冥浩荡不见底，日月照耀金银台。

霓为衣兮风为马，云之君兮纷纷而来下。

虎鼓瑟兮鸾回车，仙之人兮列如麻。

仙境是如此辉煌灿烂，欢迎仪式是如此盛大隆重，诗人怎能不沉浸在仙游的快乐之中呢？李白在《下途归石门旧居》中曾坦率地表白："余尝学道穷冥筌，梦中往往游仙山。"

李白在游览名山时经常把人间的山想象成仙境的山，对后世产生了巨大的影响，以至于后世文人纷纷效法。清代诗人李滢在游道教圣地罗浮山时，感受到的罗浮山就是一个人间仙境：

仙灵窟宅万古在，是为朱明耀真之洞天。其间琪花瑶草蔽岩谷，砰訇钲鼓鸣层巅。石楼玲珑员峤见，铁桥崒嵂青冥悬。五岭迢递不得到，梅花村畔梦魂牵。羯来道上闻玉女，指点金支璇阙虚无间。丰隆列缺，手劈坤维。水帘十丈，海风倒吹。葱倩见怪竹，咿哑听碧鸡。更有蛱蝶大如斗，五色绚烂雌雄飞。下与三茅通洞壑，上与列宿争光辉。吁嗟呼，罗浮之胜有如此，只会相望在尺咫。我欲移短筇，裹粮偕诸子。手弄罗浮之青霞，口餐罗浮之石髓。伏虎岩前似乐鸣，飞云塔外狂歌起。三更峰顶见海日，沧溟一片浮红紫。（《望罗浮歌》）

像这样把自然山水幻想为仙山琼阁，在古代信奉道教的士大夫那里，是相当普遍的风气。

值得注意的是，深受儒家思想影响的士大夫在向往仙道而游仙的时候，并不像迷狂的道教徒那样虔诚地相信世上真的有神仙、有仙境，人们可以通过修炼而成仙。《古诗十九首》的作者认为，"仙人王子乔，难可与等期"（《生年不满百》）。渴慕求仙的曹植也说，"虚无求列仙，松子久吾欺"（《赠白马王彪》）。以写《游仙》诗而著名的郭璞感慨自己"临川哀年迈，抚心独悲咤"，"淮海变微禽，吾生独不化"（《游仙》之四)。李白本人也时常感叹:"安得不死药,高飞向蓬瀛"(《游泰山六首》之四),"安得生羽毛,千春卧蓬阁"(《天台晓望》),自己终究是"蹉跎凋朱颜"(《游泰山六首》之三),"自愧非仙才"(《游泰山六首》之一)。

既然如此,士大夫为何又要不断地"游仙山"呢?原来,游仙不过是士大夫们的一种精神寄托。追求建功立业的士大夫在遭遇现实社会的不幸打击,痛感有志难酬的时候,往往假借游仙来寄托其内心的苦闷。早在战国时期,屈原就明确地说,"悲时俗之迫厄兮,愿轻举而远游"(《远游》)。在诗人的想象中,他周游天地,无所不至:"前望舒使先驱兮,后飞廉使奔属,鸾皇为余先戒兮,雷师告余以未具,吾令凤凰飞腾兮,又继之以日夜"(《离骚》),"驾青虬兮骖白螭,吾与重华游兮瑶之圃。登昆仑兮食玉英,与天地兮比寿,与日月兮齐光"(《九章》)。

后世文人士大夫秉承这一传统,往往通过游仙来抒发对现实的悲愤。曹植在《五游咏》中开宗明义:"九州不足步,愿得凌云翔。逍遥八纮外,游目历遐荒。"这与《楚辞·远游》的精神如出一辙,一脉相承。陈子昂有感于修竹遭遇雕斫而觉悟自己受到羁绊,就"常愿事仙灵",渴望"永随众仙逝,三山游玉京"《与东方左史虬(修竹篇)并书》。李白在历经种种挫折之后,更是认为"尧舜之事不足惊,自余嚣嚣直可轻。巨鳌莫载三山去,我欲蓬莱顶上行"(《怀仙歌》),最终发出了"安能摧眉折腰事权贵,使我不得开心颜"的怒吼。正是在这种

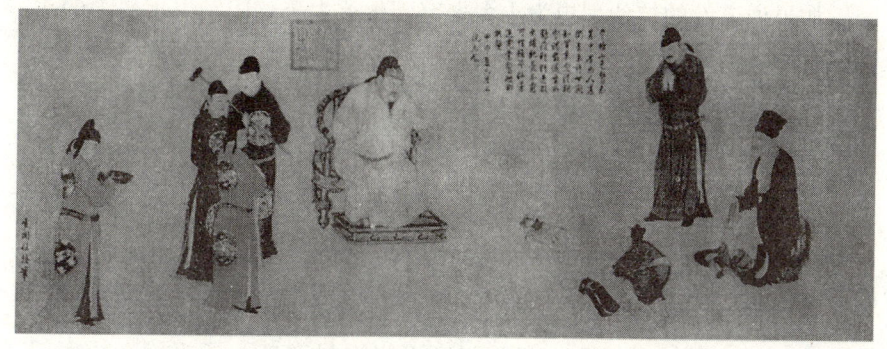

[元]任仁发《张果见明皇图》

情况下，他才"且放白鹿青崖间，须行即骑访名山"（《梦游天姥吟留别》），进行他游山而兼游仙的长期漫游。唯其如此，李白才在游仙的同时仍然留恋人间，关注现实，对于安史之乱深为忧虑："俯视洛阳川，茫茫走胡兵。流血涂野草，豺狼尽冠缨。"（《古风五十九首》之十九）"圣贤共沦没，临歧胡咄嗟。"（《古风五十九首》之二十九）这与郭璞升天以后反顾人寰，发出"遐邈冥茫中，俯视令人哀"（《游仙诗》之九）的感慨没有二致，同屈原那种"陟升皇之赫戏兮，忽临睨夫旧乡；仆夫悲余马怀兮，蜷局顾而不行"（《离骚》）的执著又是何其相似！

如此看来，士大夫向往神仙而进行的"游仙"，并不是单纯地追求长生不死，因为他们的游仙多半是在现实社会中遭遇挫折之时。既受挫折，自然产生人生短暂的苦闷，为了解脱这种苦闷，只好在秀丽幽美的山水中漫游而幻想成为永恒的仙人。因此，"梦中往往游仙山"，不过是对现实社会的折光反映而已。而以游仙的方式展开，又赋予名山胜水以神妙变幻的色彩，大大增添了自然山水的无穷魅力，从而激发着一代又一代的人士登临名山胜水的无限雅兴。

二　水流花放，悟彻慧通
——与山水浑然一体便是参禅

如果说道教的神仙理想为士大夫突破生死大关的限制以求生命的永恒开出了一道"游仙"的药方，那么佛教的禅宗则为士大夫超越现实苦难以求得心灵的安顿提供了"参禅"的乐趣。

在以权力等级结构为中心的封建社会，以孔孟儒家思想为根本准绳的士大夫，总是倾向于出仕社会，以便建立不朽的功业。然而，在他们的前面，首先横亘着士子无数而官位有限这样一个巨大的矛盾。能够"学而优则仕"的人终归是少数，这势必使大量读书人仕进无门。且不说魏晋南北朝时期由于士族门阀制度而将大量寒庶士子拒绝在仕宦门外，就是在科举取士制度昌明的唐宋明清，顺利入仕的读书人也是凤毛麟角。大批求仕而不得的士子怎样才能抚平内心的酸楚悲辛呢？再者，那些顺利步入仕途的士大夫也绝不会在宦海风波中一帆风顺，官务的连累、君王的昏聩、官僚的倾轧、文网的罗织、职位的迁谪等各种各样的痛苦，往往扑面而来。宦海浮沉是大多数官僚士大夫的痛苦经历。他们又该如何安顿自己的身心呢？魏晋以来兴盛的佛教，特别是初唐兴起到中晚唐全盛的禅宗，给那些不得志的士大夫提供了最好的精神避难所。

佛教认为，人生就是"苦"。所谓"苦"，不是专指感情上的痛苦，而是泛指精神上的逼迫，即逼迫恼忧的意思。生、老、病、死，无时无刻不困扰着每一个人，所以人的生命、人的生存，就是生命过程的苦。冤家路窄，仇人相遇，朋友分别，亲人远离，要求、欲望得不到满足，等等，无一不是人生际遇的苦；乃至人生所面对的整个世界都是苦，真可谓"苦海无边"。要从茫茫苦海中解脱出来，出家为僧的人必须持戒、禅定、成慧、修成正果。居家礼佛的人虽然可以不受戒律的约束，也必须通过"禅定"的修持方法，沉思冥想，止息意念，在精神上排除烦恼、忧患、欲求、迷惑，体悟到超越现实的无我无念的真如境界。只有这样，才能超度苦海，成就为佛。

禅与定本有区别。"禅"是梵文 Dhyānà 音译"禅那"的省略，意译就是"静虑"，意思是心绪宁静专一，深入思虑义理。"定"是梵文 Samādhì 的意译，音译为"三昧"或"三摩地"，指心灵专注于一境而不散乱的精神状态。中国佛教通常把禅和定合称，含义比较广泛。"禅宗"兴起后，进一步扩大了禅定的内涵。既指打坐静观、凝神观境以求佛性的修持过程，又指不必静坐而直接从自我本心去"明心""见性"、

[清] 吴昌硕《十八罗汉图》

顿悟佛性的悟道活动。神秀的北禅宗侧重于前者，慧能的南禅宗偏向于后者。不管是前者还是后者，都是为了解脱人世间的烦恼，达到"寂静"的境界。在佛教那里，"寂静"二字有特殊的含义，"寂"指离烦恼，"静"指绝苦患。抛却了烦恼，断绝了苦患的"寂静"境界，就是涅槃境界。所谓"一切诸法皆是寂静门"（《宝箧经》），坐禅渐修，刹那顿悟，都是为了达到寂静这一最高境界。

由此可见，佛教禅宗以离烦恼、绝苦患为根本宗旨。因此，禅宗兴起之后，就成为中国士大夫顶礼膜拜的中国式佛教。

开元九年（720年），王维二十一岁中进士，任太乐丞，可谓少年得志。开元二十二年（734年），张九龄入朝为相，王维得到提携，任右拾遗。两年后，张九龄被贬为荆州长史，李林甫权势渐盛，朝政日非，王维只好隐居终南山，与"道友"裴迪等结交僧徒，研读佛经，参悟禅理。"安史之乱"爆发，王维被迫接受伪职，身心受到极大伤害，战乱平息后，被贬为太子中允。看到朝廷纲纪在安史之乱以后日益紊乱，王维更为消沉。《旧唐书·王维传》称他"在京师，日饭十数名僧，以玄谈为乐。斋中无所有，唯茶铛药臼、经案绳床而已。退朝之后，焚香独坐，以禅诵为事"。王维如此沉溺在佛教之中，其实是在寻求精神上的自我解脱。用他自己在《叹白发》诗中的话来说，就是

[元] 赵孟頫《红衣罗汉图》

"一生几许伤心事,不向空门何处销"。

同样,白居易早年步入仕途,积极关注现实政治,倡导"补察时政""泄导人情"的新乐府。元和十年(815年),宰相武元衡被刺,白居易上疏请急捕凶手,结果被贬为江州(今江西九江)司马。这给白居易不小的打击,使他深感"入仕欲荣身,须臾成黜辱"(《和梦游春诗一百韵》)。到晚年更是信奉佛教,在《郡斋暇日忆庐山草堂兼寄二林僧社三十韵多叙贬官以来出处之意》中明确宣称:"谏诤知无补,迁移分所当。不堪匡圣主,只合事空王。"

再如苏轼,也是深感于命运多舛而虔诚地礼佛参禅。熙宁年间,苏轼因反对王安石变法,出守杭州、密州等地;后因"乌台诗案"贬谪为黄州团练副使。绍圣年间,新法派重新上台,再贬知定州、英州、惠州、琼州。面对不断的挫折,苏轼深感"不向南华结香火,此身何处是真依"(《昔在九江与苏伯固倡和……》),只有在佛教中寻找精神寄托。

王维、白居易、苏轼这些不出家而信奉佛教的人叫作居士。所谓"居士",按慧远《维摩义记》的解释,就是"在家修道,居家道士"。古代士大夫中"居士"很多。单是唐宋诗人中,就可以列出一长串以"居士"为号的名单:李白号青莲居士,白居易号香山居士,欧阳修号六一居士,苏轼号东坡居士,秦观号淮海居士,

[明]丁云鹏《六祖像图》

陈师道号后山居士,范成大号石湖居士,张孝祥号于湖居士……"诗佛"王维虽没有居士之名,却以他的名字维摩诘最早表明了在家奉佛的居士身份。从"居士"的盛行可以看出,参禅悟道在士大夫一生的精神生活中是相当重要的。尤其是当他们被仕宦的旋涡打得晕头转向、痛

苦不堪的时候，禅宗简直成了他们的救命稻草。那么，他们礼佛参禅的具体情形究竟是怎么样的呢？

柳宗元在《晨诣超师院读禅经》诗中这样描写他读经悟禅的生活：

> 汲井漱寒齿，清心拂尘服。闲持贝叶书，步出东斋读。真源了无取，妄迹世所逐。遗言冀可冥，缮性何由熟。道人庭宇静，苔色连深竹。日出雾露余，青松如膏沐。淡然离言说，悟悦心身足。

你看，诗人是多么虔诚，他一大早来到超禅师院汲井漱齿，清心拂尘，然后在庭院中读经。读着读着，对佛经有所感悟。这时放眼庭宇，但见旭日四照，雾露滋苔，青松翠竹，如膏如沐，在淡然忘言中由悟而悦，不觉进入心满意足、宠辱皆忘的境界。

［明］陈洪绶《南生鲁四乐图》

苏轼在《黄州安国寺记》一文中描写他焚香参禅的生活时曾说：

> 得城南精舍曰安国寺，有茂林修竹，陂池亭榭，间一二日辄往。焚香默坐，深自省察，则物我相忘，身心皆空，求罪始所从生而不可得。一念清静，染污自落。表里倏然，无所附丽。

在佛寺的清幽环境中焚香默坐，悟得物我双忘、身心皆空的道理。心境也就安宁了。追求安宁清静的心境，可以说道出了士大夫参禅的共性。

随着南禅宗的蓬勃兴起，士大夫礼佛参禅就更多地从读经打坐转向了山水体悟。在禅宗看来，法身遍一切境："清清翠竹，总是法身；郁郁黄花，无非般若"（《五灯会元》卷三）；"飞来山色示清净法身，合涧溪声演广长舌相"（《五灯会元》卷十六）。因此，人们自然也就可以在万物色相，日月星辰，山河大地，泉源溪涧，草木丛林等各种自然景物中悟解禅理。这样，参禅活动又回归到对山水泉石的体认感悟。

青原唯信禅师在悟道时说过一段相当精彩的话：

> 老僧三十年前未参禅时，见山是山，见水是水。及至后来，亲见知识，有个入处，见山不是山，见水不是水。而今得个休歇处。依前见山只是山，见水只是水。（《五灯会元》卷十七）

这段公案形象地展示了禅家证悟过程的三个阶段：未参禅时，"见山是山，见水是水"，这是用感官去感知自然，不作思考，不带感情，山水只是一种客观存在。开始参禅以后，试图在山水中去寻找佛性，把山水当成某种佛性的载体，于是"见山不是山，见水不是水"。这时候的山水与佛性，两者之间是分离的，各自独立的，其实并未悟透佛性。当悟透佛性时，山水本身的状态或者说最原始的状态，就是佛性真如的境界。而观山水的"我"也别无用心，只是用"无造作，无是非，无取舍，无断常，无凡无圣"（《马祖语录》的"平常心"、清净心去观山水，这时的"物"（山水）、"我"、"佛"浑然同一，"心冥空无"，让人在瞬间领悟永恒的虚空，进入"事理无碍""功德圆满"的寂静境界。因此，"依前见山只是山，见水只是水"。

这段公案在揭示参禅证悟过程三个阶段的同时，也说明了禅宗在山水间参禅悟道的特点。唯其如此，寄兴于空山寂林，到山水泉石中去寻求不生不灭、坦然寂静的境界，就成为盛唐时人参禅的一般途径。

王维晚年官至尚书右丞，职务可谓不小，但由于政局反复变化，

［清］朱耷《瓜月图》

他早已看透仕途的艰险，便想超脱这个烦忧的尘世。正如他在《酬张少府》诗中所写的那样，"晚年唯好静，万事不关心，自顾无长策，空知返旧林"，居住在辋川别墅，在山水泉石中过着悠游闲适的生活：

> 中岁颇好道，晚家南山陲。
> 兴来每独往，胜事空自知。
> 行到水穷处，坐看云起时。
> 偶然值林叟，谈笑无还期。（《终南别业》）

面对秀丽静谧的田园山水，诗人兴来独游，随处会心，不求人知，自得其乐。诗人为什么能够如此富有闲情逸致呢？原来，在对山水景物的游览观赏中，深深地悟得随缘自适、物我两忘的佛理禅趣。从"行到

水穷处，坐看云起时"一联可以看出王维观看水、云的时候，早已把自我融入宇宙的流变之中。徐增《唐诗解读》第五卷阐释得很好："行到水穷处，去不得处，我亦便止，倘有云起，坐久当还，偶值林叟，便与谈论山间水边之事。相与留连，则不能以定还期矣。于佛看来，总是个无我，行无所事。'行到'是大死，'坐看'是得活，'偶然'是任运，此真好道人行履，谓之好道不虚也。"

信奉佛教的居士面对幽美的自然山水，总是能够从中领悟到一般人难以领悟的佛理禅趣。白居易在《题玉泉寺》中写道：

> 湛湛玉泉色，悠悠浮云身。
> 闲心对定水，清净两无尘。
> 手把青筇杖，头戴白纶巾。
> 兴尽下山去，知我是谁人？

诗的语言明白如话，但细细品味，就会发现诗人游寺的过程其实就是参禅悟道的过程。你看，诗人游寺，面对湛湛玉泉，悠悠浮云。忽然感到身如云泉，悠闲清净。毫无俗尘，明静无碍。于是，手持青筇竹杖，头戴白绢纶巾，优哉游哉，意态多么萧散，神情何等自在。乘兴而来，兴尽而归，谁人是我，知我是谁，根本不用着意思量。白云、泉水、山色和诗人自己，在这里都已成为禅宗那无所不在的佛性的自然呈露。在冥然寂然中回归到"平常心"的天真，哪里还有什么滚滚红尘中的痛苦烦恼！

前面说过，抛开烦恼，断绝苦患，就可以进入禅宗所说的"寂静"境界。在这种境界中，人对一切境遇不产生忧乐悲喜之情，不粘不着，不尘不染，心念不起。正如"诗佛"王维所说的那样："空山不见人，但闻人语响。返景入深林，复照青苔上。"（《鹿柴》）山中明明有人，却由于山深林密而看不到人，"人语"空谷传音，更见空山万籁俱寂。这时，唯有一抹斜晖静静地照在泉石的青苔上，仿佛整个山林整个宇宙一瞬之间都凝固了，物我的界线也泯灭了，一切都进入"梵我合一"

的真如境界。

　　会心的读者也许要说，王维、白居易游山观水的过程，不就是沉浸在让人忘怀一切甚至忘怀自我的诗歌意境中吗？这完全是一种审美享受，哪里是什么佛性真如境界？其实，禅境、诗境原本是一回事。钱起在《题精舍寺》中形象地写道："房房占山色，处处分泉声。诗思竹间得，道心松下生。"僧房与山水相互融合，诗思与道心浑然一体，完全没有什么差别。所以王士禛在《带经堂诗话》卷三中说："舍筏登岸，禅家以语悟境，诗家以为化境，诗、禅一致，等无差别。"因此，诗人笔下的诗境，不过是诗人在山水景物中所感悟到禅境的诗化表现，这个诗化表现（即诗境）反过来又完全可以说明禅境。

　　《景德传灯录》卷四载：

　　　　问："如何是天柱家风？"师（崇慧禅师）曰："时有白云来闭户，更无风月四山流。"

　　本是问崇慧禅师所奉行的禅宗特色，禅师却不作正面回答，只用诗句描绘出悠闲自在的意境来暗示。《五灯会元》卷五所载一则公案与此相同：

　　　　问："如何是夹山境？"师（夹山善会禅师）曰："猿抱子归青嶂里，鸟衔花落碧岩前。"

　　显然，夹山灵泉院的善会禅师也是用诗情浓郁的意境来形容其禅境。

［明］钱毂《定慧禅院图卷》（局部）

上面两例还仅限于偶句，现在让我们来看一个完全用诗来阐说禅理的例子。雪窦重显禅师（980—1052年）就任雪窦寺主持，上堂就吟诗一首：

春山叠乱青，春水漾虚碧。
寥寥天地间，独立望何极。（《续传灯录》卷二）

全诗气象雄浑，蕴含着一种永恒的宇宙意识，暗示出禅宗所追求的无所不在的"道体"。这样一来，禅境与诗境便形成双向交流，相互贯通，成为一而二、二而一的奇妙境界。清人杨益豫在《方外诗选》卷首语中说得好：

当夫冥心取象，入瓮燃须，木然兀然，入无声无臭而不知者，诗境也，抑禅象也；当夫水流花放，悟彻慧通，融然杳然，至不生不灭而不知者，禅象也，抑诗境也。

因此，我们完全可以这样说，当士大夫在山水景物中感悟禅理、证悟佛经的时候，沟通了禅、诗，从而事实上把宗教的体验转化成了审美的愉悦，开辟出中国山水诗玲珑剔透而又蕴含丰富的艺术境界。正如士大夫在追求神仙理想的过程中完成了游仙诗的艺术创造一样，士大夫在体物参禅的过程中升华了山水诗的艺术境界，其差别仅仅在于：游仙诗热烈浪漫，催人神思飞越；山水诗澄澹空灵，让人静穆怀想。无论游

［南宋］贾师《岩关古寺》

仙诗还是山水诗,终归都是把宗教转化成了艺术。所以李泽厚先生在《漫述庄禅》一文中说:"中国哲学思想的道路不是由认识、道德到宗教,而是由它们到审美。"

三　一言道合,止于山亭三日
——交游僧道使名山更添风雅

要企求神仙,羽化升天,离不开得道之人的传道授法;要泯妄执,进入"色空"真如的境界,离不开高僧的引领开导。因此,与方外人士进行密切而友好的交往,自然成为信奉道教或禅宗的士大夫日常生活的组成部分。

早在晋代,文人与名僧交往的风气就开始形成。《晋书·谢安传》说谢安没有出仕的时候,"寓居会稽,与王羲之及高阳许询、桑门支遁游处,出则渔弋山水,入则言咏属文"。从此,历代士大夫如谢灵运、颜延之、沈约、周颙、江总、王维、孟浩然、柳宗元、白居易、贾岛、王安石、苏轼、黄庭坚、宋濂、李贽、袁宏道等都与僧侣交往频繁。

[南宋] 夏珪《溪山清远图》

"天下名山僧占多"。僧人都选择风景幽美的山川建立寺庙,从事宗教活动。于是,游山玩水便成为士大夫与名僧交游的一项主要内容和方式。谢灵运在会稽时,与上虞徐山的昙隆道士相善,同游崌山、嵊山。他在《昙隆法师诔》中饱含感情地写到当时的情景:

> 缅念生平,同幽共深。相率经始,偕是登临。开石通涧,
> 剔柯疏林。远瞻重叠,近瞩岖嵌。事寡地闲,寻微探颐。

寺庙大都坐落在风景绝佳处，随着佛教的蓬勃兴盛，士大夫可以不必像谢灵运与昙隆道士那样"开石通涧，剔柯疏林"，经过一番艰辛努力才能"远瞻重叠"的山峦，"近瞩岖嵌"的景色，就可以悠游不迫地坐享其成了。元和十年（815年），白居易被贬为江州（今江西九江）司马。十二年（817年），白居易同东林寺和尚法演、智满、士坚、利辩、道建、神照、云皋、恩慈、寂然等十七人游览庐山大林寺。白居易在《游大林寺序》中写道：

  自遗爱草堂历东西二林，抵化城，憩峰顶，登香炉峰，宿大林寺。大林穷远，人迹罕到。环寺多清流苍石，短松瘦竹。寺中唯板屋木器，其僧皆海东人。山高地深，时节绝晚：于是孟夏月，如正二月天，梨桃始华（花），涧草犹短；人物风候，与平地聚落不同。初到，恍然若别造一世界者。因口号绝句云："人间四月芳菲尽，山寺桃花始盛开。长恨春归无觅处，不知转入此山来。"

一番游览之后，在寺中寄宿一夜，享受清净幽美的方外境界，则又别是一番情趣。翻检文人集子，可以发现大量"宿寺"的题咏。孟浩然有《宿终南翠微寺》，綦毋潜有《宿龙兴寺》，张继有《宿白马寺》，白居易有《宿云门寺》、《宿天竺寺回》、《宿灵岩寺上院》，等等，不一而足。明万历四十一年（1613年），大旅行家徐霞客游浙江乐清雁荡山，每天都在寺庙投宿，先后寄宿灵峰寺、灵岩寺、能仁寺、凌云寺、罗汉寺等。事实上，在徐霞客走遍万水千山的游历考察过程

［宋］阎次平《松磴精庐》

中，所到之处，绝大多数时间都是在寺庙寄宿。

寺庙留宿为外出旅游人士提供了极大的方便，僧人对于有名的士大夫更是热情款待。宋元之际的文学家邓牧游雪窦山，"主僧少野有诗声，具觞豆劳客，相与道钱塘故旧"，热情地邀他住宿（《雪窦游志》）。明代开国功臣宋濂游钟山，至崇禧院，"主僧全师具壶觞"款待，宋濂只因自己不能饮酒，才道谢出游（《游钟山记》）。清人罗文俊游岳麓山，"山僧煮茗清谈，烧笋侑脱粟，饱食一过，清芬可人"（《游岳麓记》），享受到特有的温馨与舒适。

正是由于寺庙环境幽雅，僧人待客热忱，古代士大夫不仅在寺庙投宿，还常常在寺庙临时寓居。嘉祐元年（1056年），苏轼到京城汴京参加进士考试，就寓居兴国寺，在那里与其弟苏辙一道悉心准备。于次年二月通过礼部主持的进士考试，大获欧阳修赏识，名震京师。《西厢记》中的张生在赴京赶考途中也是住在普救寺，正是在那里巧遇崔莺莺，从而演出了一场热烈浪漫的爱情悲喜剧。

不但士子多寓居寺庙，就是官僚士大夫也常寓居寺庙。永贞元年（805年），柳宗元被贬为永州司马。他到永州后，起初居住在龙兴寺，与寺内和尚重巽建立起深厚的友谊，共同探讨佛理。元和四年（809年），柳宗元在法华寺构西亭而居，将法华寺廊庑之下遮挡视野的一片竹林砍去，开阔了眼界，增加了登眺之趣，专门写了《永州法华寺新作西亭记》一文。白居易晚年更是"在家出家"，自称归依佛门，与洛阳龙门香山寺僧如满结"香火社"，移居香山寺，号"香山居士"，在《香山寺二绝》中说：

> 空门寂静老夫闲，伴鸟随云往复还。
> 家酝满瓶书满架，半移生计入香山。

当然，士大夫与僧人的交往主要还是以拜访参禅的方式来进行的。苏轼曾说，自己在杭州做太守时，吴越十分之九的名僧都同他交游。在谈到自己与僧惠交往时说："予方年壮气盛，不安厥官，每往见师，清坐相对，时闻一言，则百忧冰解，形神俱泰。"(《海月辩公真赞》)这种"清坐相对"而谈禅论道的方式，大概是士大夫拜访高僧求教的基本方式。

当然，士大夫与僧人的拜访结交并非总是这样呆板。当士大夫与僧人熟悉以后，也不妨同僧人打趣。白居易游览杭州西湖灵隐寺，面对大好春光，写了一首《题灵隐寺红辛夷花戏酬光上人》绝句：

紫粉笔含尖火焰，红燕脂染小莲花。
芳情香思知多少，恼得山僧悔出家。

在这首绝句中，白居易风趣地说，面对骀荡春光里开得十分美艳的红辛夷花，山僧也不禁动了"芳情香思"，懊悔出家。如此"戏酬"光上人，的确是一个不大不小的玩笑，文雅而无碍。

随着禅宗"棒喝""机锋"的兴起，文人学士也禁不住要同僧人一比高低。《续传灯录》卷二十记载，苏轼"抵荆南，闻玉泉皓禅师机锋不可触，公拟抑之，即微服求见。泉问：'尊官高姓？'公曰：'姓秤，乃秤天下长老底秤。'泉喝道：'且道这一喝重多少？'公无对，于是尊礼之。"可见，士大夫交游僧人，既有文雅庄重的一面，又有不失风趣幽默的一面。

信奉佛禅的士大夫与僧人交游，而信奉仙道的士大夫则同道士交游。由于道士特别是高明的道士被认为是沟通仙界与人间的中介乃至"活神仙"，士大夫与道士的交往就显得热烈浪漫，甚至富有传奇色彩。

道士们常常在外云游，来无踪，去无迹。信奉道教的文人士大夫去拜访著名道士，等待他们的常常是幽美的风景和清静的道观。李白年轻时曾到戴天山(又名大匡山，在今四川江油)去拜访道士，上山后但见景色幽美迷人："犬吠水声中，桃花带露浓。树深时见鹿，溪午不闻钟。野竹分青霭，飞泉挂碧峰。"而要拜访的道士却不见身影，询问旁人，也"无人知所去"，自己只有"愁倚两三松"，吟出《访戴天山道士不遇》这首诗来抒发其惆怅之情。

不过，一旦士大夫与道士在一起，他们就可按照神仙的理想一块儿宴饮高歌。被李白称为"红颜弃轩冕，白首卧松云"（《赠孟浩然》）的孟浩然，在一个清明日应邀赴梅道士居处宴饮，看到梅道士室内外"丹灶初开头，仙桃正落花"的情景，唱出了"童颜若可驻，何惜醉流霞"的浪漫情调，表示要像项曼都饮"流霞"仙酒那样痛痛快快地一醉方休（《清明日宴饮梅道士房》）。中唐著名诗人元稹去拜访当时著名道士毛仙翁，"一言道合，止于山亭三日"，并且"三夕同倾沉瀍杯"（《赠毛仙翁并序》），过得好不畅快。"谪仙人"李白与道友元丹丘、元演在随州同访道士胡紫阳，更是酣歌漫舞，沉醉不醒，俨然活神仙一般：

[清] 任薰《瑶池霓裳图》

  紫阳之真人，邀我吹玉笙。
  餐霞楼上动仙乐，嘈然宛似鸾凤鸣。
  袖长管催欲轻举，汉东太守醉且舞。
  手持锦袍覆我身，我醉横眠枕其股。（《九旧游寄谯郡元参军》）

这种"黄金白璧买歌笑，一醉累月轻王侯"（《忆旧游寄谯郡元参军》）的快意生活，正是梦想得道成仙的士大夫在现实生活中与道士浪漫宴游的生动写照。事实上，与道士相处，士大夫不仅高歌浪饮，而且还常常与道士一块儿烧炼金丹。元和十年（815年）左右，元稹和白居易曾一起向道士郭虚舟学习烧炼金丹（《同微之赠别郭虚舟炼师五十韵》）。大约两年以后，元、白二人又同上庐山寻访郭虚舟，碰巧郭虚舟不在，但见"药炉有火丹应伏，云（云母矿石）碓无人水自舂"（《寻郭道士不遇》）。由此，亦可见当时烧炼金丹那种热烈而浪漫的情形。

即使是送别道士，士大夫也常常作浪漫的遐想。李白送别吴江女道士褚三清游南岳衡山，称颂她"足下远游履，凌波生素尘"。并且祝福她"寻仙向南岳，应见魏夫人"（《江上送女道士褚三清游南岳》），如愿以偿，得道成仙。送别杨山人归嵩山，李白祝愿他"尔去掇仙草，菖蒲花紫茸"，采得仙草，服之成仙，并表示自己"岁晚或相访，青天骑白龙"（《送杨山人归嵩山》），与杨山人一起仙去升天。这与士大夫相别禅师时那种"心如枯井水，无复起波澜"的情感状态大异其趣。

需要指出的是，尽管释道的根本宗旨有所区别——佛禅归于"超世"，仙道归于"避世"，但是二教都是主张"出世"，自有殊途同归的一面。所以，具有出世思想的士大夫往往释道并重，把参禅求仙作为寻找灵魂归宿的两种方法，并行不悖。这自然使得不少士大夫同时游于释道二门。陈子昂、孟浩然、李白、白居易、元稹、苏轼等人，莫不如此。此外，中唐时期的韦渠更是初为道士，后又出家，后又入仕，从而被权德舆称为"洞彻三教"。而权德舆本人也曾游于马祖道一门下，撰有《唐故洪州开元寺石门道一禅师塔铭》，对其倍加赞赏，却又结交道士吴善经，也是一个"周流三教"的人物。

士大夫与僧人道士的交游，不仅从佛、道那里吸取了所需要的精神营养和艺术滋养，而且时常吟诗题联、书匾绘

［宋］梁楷《泼墨仙人图》

画，将自己所擅长的诗文书画尽情地撒播于寺庙道观，装点美丽河山。

诗文唱酬，乃魏晋以来士大夫交游僧道必不可少的项目。相当多的僧人、道士，都擅长诗文创作。僧人当中，涌现了像支遁、慧远、王梵志、寒山、拾得、灵一、护国、皎然、清江、法振、灵澈、无可、贯休、齐己、惠崇、智圆、道潜、仲殊、惠洪、石屋、圆瑛、曼殊等一大批"诗僧"，壮大了诗歌创作队伍，创作了别开生面的"佛诗"。道教中人魏伯阳、葛洪、陶弘景、孙思邈、司马承祯、张果、吴筠、许宣平、戚逍遥、吕洞宾、陈抟、王重阳、丘处机、姬志真等一大批高道，虽无"诗道"之名，却都擅长诗文，创作了数量相当可观的"道诗"。

士大夫写的佛道诗歌不仅数量极大，而且开辟了诗歌创作的崭新境界，极大地丰富了中国诗歌的固有内涵。所以这一切，且按下不论。单就士大夫题留在寺庙道观里的诗歌而言，就极大地丰富了寺庙道观的文化内涵。孟浩然《题义公禅房》、常建《题破山寺后禅院》、白居易《题玉泉寺》、《报恩寺》、钱起《题嵩阳焦道士石壁》、方干《题宝林寺禅者壁》、苏轼《留题仙游潭中兴寺》等举不胜举的题咏，都使寺庙道观显得更加高雅，富有文化内涵。

五代以后，楹联兴起，宋时普遍推行，成为名胜古迹、寺庙院廊、店堂书屋等地方不可缺少的文化装饰。于是，僧人道士请人书写楹联和文人学士为寺庙道观写楹联，就成为士大夫交游僧道的崭新项目。据说，苏轼游览某寺，长老有眼无珠，误以为苏轼是平庸之辈，仅仅慢声说道："坐，茶！"苏轼坐下，

[清] 吴榖祥《秋壑倚松图》

与之语有片刻，谈得颇为投契。长老复言："请坐，敬茶！"后来，长老得知与之谈话的人就是大名鼎鼎的苏东坡，立即改口高叫："请上坐，敬香茶！"苏轼游寺完毕，准备告辞。长老铺开纸笔，请苏轼留言。苏轼略加思索，当即书写一联相赠："坐，请坐，请上坐；茶，敬茶，敬香茶！"这种戏谑性的对联固然无法挂出，但历代文人学士的确为寺庙宫观题写不少言意俱佳的楹联。以现存楹联而言，苏轼曾为广州真武庙书联：

逞披发仗剑威风，仙佛焉耳矣
有降龙伏虎手段，龟蛇云乎哉

宋朱熹曾为漳州开元寺书联：

鸟识玄机，衔得春来花上弄
鱼穿地脉，抱将月向水边吞

元赵孟頫曾为杭州灵隐寺书联：

龙涧风回，万壑松涛连海气
鹫峰云敛，千年桂月印湖光

明王世贞为五当山皇经堂书联：

千嶂雾深银作海
九霄云净玉为关

清李渔曾为庐山简寂观（今不存）书联：

天下名山僧占多，也该留一二奇峰，栖吾道友
世间好话佛说尽，谁识得五千妙论，出我仙师

近代康有为为普陀山法雨寺题联：

锦屏临海浪
法雨飞天花

今人郭沫若为峨眉山纯阳殿题联：

四山多石泉声绝
万里无云日照客

以上仅仅是随意举出的几个例子，如果将寺庙宫观的楹联收集起来，肯定可以编成大部头的著作。

在寺庙宫观建筑的文化装饰中，匾额比楹联占据着更为突出的位置，具有醒目的作用。唯其如此，僧人道士十分重视匾额。唐宋以来，许多

[晋] 顾恺之《洛神赋图》

名噪一时的文人学士，如白居易、苏轼、陆游、宋濂等人，均曾为寺庙宫观书额题匾。唐宋以来的历代帝王也饶有兴致地为寺庙宫观书写匾额。唐睿宗曾为大相国寺御书牌匾。宋高宗曾为圆觉天台教寺书"天申万寿圆觉寺"额，为通玄观书"通玄"二字榜；宋孝宗赐金重建净慈禅寺，御书"慧日阁"以赠；宋宁宗为惠因寺书"华严经阁"；宋理宗书匾颇多，为净慈禅寺书"华严法界正编知阁"，为灵隐寺书"觉天宝殿"、"妙庄严域"，为至德观书"至德之观"，为玄妙观书"天庆之观"，为宝严院书"无量福海"，等等。清代帝王为寺庙宫观书匾之风最盛，尤其是康熙、乾隆六次南巡下江南，逢寺书匾，随处品题，以致闹出不少笑话。据说，康熙游灵隐寺，寺僧请他书匾，康熙慨然应允，不料御笔一挥，把"灵"（靈）字上部的"雨"字头写得太大，再写下半已不相称。正在踌躇，侍臣高士奇会意，即在掌上书写"云（雲）林"二字，假作磨墨以示康熙。康熙一见，如释重负，即书"云（雲）林禅寺"四字以赠寺僧。因此，灵隐寺又可称为"云林寺"。

从魏晋南北朝开始，各地寺庙大兴，无不延请画坛高手绘壁，雕塑家造像。据《历代名画记》载，兴宁年间（363—365年），瓦官寺刚刚建成，寺僧举办法会，请达官名流前来捐赠，当时士大夫捐赠的数额都没有超过十万钱。年轻的顾恺之一来就挥笔写下捐款百万钱。由于他家境并不富裕，人们都以为他不过是夸海口。顾恺之却请寺僧为他准备好一堵墙壁，然后关门闭户，在其上绘制维摩诘佛像。一个多月过去，顾恺之画完佛像的躯干四肢，即

[唐] 吴道子《维摩诘像》（敦煌壁画）

将点睛，便对寺僧说："第一天来看点睛的人请捐钱十万，第二日捐钱五万，第三日则随意捐献。"寺僧照办，结果前来观看的人络绎不绝，寺僧一会儿就得到一百万钱的捐赠。原来，这幅维摩诘像画得"目若将视，眉如忽嚬，口无言而似言，鬓不动而疑动"，让人争相观赏，体会其中妙不可言的艺术创造。唐代大诗人杜甫有诗赞叹道："虎头（顾恺之小名）金粟影，神妙独难忘"。

可以和这个故事媲美的是唐代画家吴道子画壁。唐代会觉上人用所得施舍起宅十余亩，新建一寺，准备延请吴道子画壁，又担心请不来这位性情古怪的大画家，为此十分恼火。忽然得知吴道子嗜酒如命，就亲自酿酒百石，并置于大殿两庑。一切准备就绪，会觉上人即邀吴道子来寺游览。一股浓烈的醇香迎面扑来，吴道子又惊又喜，问会觉："僧人戒酒，何以酿之？不如与我饮罢。"会觉笑道："如果檀越为我画壁，即以酒相赠。"吴道子这时酒瘾大发，欣然命笔，双方都如愿以偿。

当丹青绘画为寺庙宫观增色的时候，书法墨迹也成为寺庙宫观珍贵的收藏之物。据说，南宋初年，岳飞率师北上。途中宿于南阳武侯祠，寺僧请他留书。遥想当年诸葛武侯辅佐二帝，光复汉室，鞠躬尽瘁，死而后已，岳飞感慨万端，含着热泪奋笔疾书，草成《出师表》赠送给寺僧。现在，我们在游南阳武侯祠和成都武侯祠的时候，都能看到岳飞的这一草书石刻。唐代诗人常建游览破山寺（即兴福寺，寺址在今江苏常熟市虞山北麓），写下著名的《题破山寺后禅院》诗，北宋大书法家米芾把它用毛笔书写下来：

清晨入古寺，初日照高林。
曲径通幽处，禅房花木深。
山光悦鸟性，潭影空人心。
万籁此都寂，唯余钟磬音。

这件诗、书珍品，后被清朝襄阳郡守言如泗获得，于是便勒石刻碑，建亭寺中，从而为破山寺的景观又添上一抹奇彩。

第五章

跋山涉水,求索真知

在中国这片神奇的土地上，千姿百态、林林总总的山水泉石，不愧为大自然赐予人类的无尽宝藏。它不仅供士大夫进行审美游赏、宗教体验，而且以其造化的伟力，昂扬着士大夫的生命情态，激励着士大夫的艺术创造，吸引着士大夫的科学考察。可以这样说，当士大夫开始寻求真知灼见、大智大慧的时候，探索宇宙、人生、社会真谛的时候，无不跋山涉水，寻泉访石，进行独到的求索。

一　投迹山水地，放情咏《离骚》
——读万卷书，行万里路

作为知识阶层，士人必须广泛地学习前人积累下来的知识财富。所以自古以来，才学之士都十分注重读书学习。士大夫敬奉的儒家圣人孔子，就曾为后世士子树立了光辉榜样。

《史记·孔子世家》载，孔子晚年喜欢《周易》，反复研读。由于当时的书籍是简册，即用牛皮条穿制而成的竹简，翻来覆去，结果把穿制《周易》的牛皮条多次弄断。具有孔子这种"韦编三绝"的勤学精神，一个人自然可以学识大进，达到"学富五车"的境界。《庄子·天下》说，庄子的同时代人惠施本事很大，方术很多，他读的书也很多，要用五辆车拉，后人遂用"学富五车"来形容一个人读书多、学问深。

［宋］刘松年《秋窗读易图》

要达到"学富五车"的境界，非下一番苦功不可。《战国策·秦策一》记载，当初苏秦游说秦王，十次上书陈说计策，都未被秦王采用，只好怏怏而归。"归至家，妻不下衽，嫂不为炊，父母不与言"，遭到一家人的冷遇。苏秦找出《太公阴符》等书发奋攻读。读书瞌睡了，就用锥子狠刺自己的大腿，以提精神；血流至足，仍然孜孜不倦。经过一年的潜心研读，熟练掌握，学问大成，终于成为不可一世的纵横家。与"苏秦刺股"相媲美的勤学典故是"悬梁苦读"。《太平御览》卷三六三引《汉书》载，汉朝人孙敬刻苦读书，早晚手不释卷，打瞌睡时就用绳子系住头发，悬挂在屋梁上，用以警戒自己。经过这样的读书学习，孙敬终于成为"当世大儒"。此外，车胤囊萤照书，匡衡凿壁借光，都是勤学苦读的美谈。

古人之所以如此勤奋刻苦地读书学习，目的在于增进知识、培养才干，以便进入仕途而有所作为。然而，书本上的知识，都是一种间接知识。一个人要有真才实学，还必须走出书斋，游览名山大川，了解社会生活，获得亲身经验。因此，有识之士向来主张：读万卷书，行万里路。伟大的史学家和文学家司马迁，创造性地开启了这条求学的成功道路。

司马迁，字子长，汉景帝中元五年（前145年）生在韩城县芝川镇。十岁以前，留居故乡，耕牧于河山之阳。十岁以后，随同父亲司马谈来到京师长安。司马谈当时担任史官太史令，通天文，明《易》学，深谙诸子短长，著有《六家要旨》，并熟悉古今史事，学识渊博。在父亲的指导下，司马迁进行了十年寒窗的苦读生涯。在求学过程中，又拜群儒之首董仲舒为师，研习《公羊春秋》；跟从古文大师孔安国，诵究《古文尚书》。家学的长期熏陶和名师的濡染诱导，不仅使司马迁深刻了解了先秦和汉代百家学说的要义主旨及其争鸣状况，掌握了精湛的天文历数知识，具备了卓越的语言学修养，而且确立了研究祖国历史的志向。

为了获得第一手资料，司马迁从二十岁起，走出书斋，踏上远游名山大川的历程。他从长安出发，南下长沙，在汨罗江畔凭吊屈原；浮泛沅水湘江，窥探九嶷山，考察舜帝的葬地和事迹；南登庐山，观看传说由大禹疏浚的九江；转至会稽，探访大禹的遗迹和大会诸侯的故事；上姑苏，眺望范蠡泛舟五湖之处；到楚地，参观春申君的故城宫室；过淮阴，了解韩信的传闻；至齐、鲁，观察儒风余习、孔庙车服礼器；经过薛，验证孟尝君好客自喜的史实；历丰、沛，访问萧何、曹参、樊哙的故宅和逸事；驻足大梁，察看夷门旧址，并考察秦军引河水灌大梁的情形。在神州大地作了如此广泛的游历考察，司马迁才返回长安。

司马迁的这次漫游，足迹遍及东南和中原，饱览了祖国雄奇壮丽的山河，接触了广大人民群众，访求了丰富多彩的史迹逸闻，考察了许多地方的民情风俗，从而开阔了眼界，增长了知识，扩展了胸襟，了解了社会，收获丰富而宝贵。这对他后来写作《史记》，无疑具有很大的帮助。司马迁在《史记·报任少卿书》中说得十分清楚，他是"网罗天下放失旧闻，略考其行事，综其始终，稽其成败兴坏之纪"，才撰成《史记》这部"究天人之际，通古今之变，成一家之言"的不朽巨著。

司马迁漫游名山大川，侧重考察祖国各地的社会历史内容，而后世文人学士，更注重观察山川形胜，以开阔心胸、激励怀抱。

唐玄宗开元年间，年轻的杜甫赴京师考进士不中，就在河南、河北、山东一带广事漫游。其间杜甫曾在山东泰安眺望东岳泰山：

岱宗夫如何？齐鲁青未了。
造化钟神秀，阴阳割昏晓。
荡胸生层云，决眦入归鸟。
会当凌绝顶，一览众山小。（《望岳》）

[当代] 何海霞《泰山图》

岱是泰山的别名，因居五岳之首，

故尊为岱宗。泰山位于今山东省中部,从东平湖东岸向东北延伸至淄博市南和鲁山相接,长约二百公里,主峰玉皇顶在泰安县城北,海拔一千五百二十四米,山峰突兀峻拔,雄伟壮丽。杜甫乍一望见泰山,高兴得不知怎样形容才好:"泰山啊,你是怎样的呢?在这广袤无边的齐鲁大地上,都是你一望无尽的青绿!"再近望,发现泰山巍巍,充塞天地,包罗万象,山南山北,明暗不同,判若晨昏,简直是大自然一切神奇与秀美的凝聚和结晶。再细望,但见山中云气层出不穷,心胸也为之荡漾,仿佛层层云气从胸中生出,不禁长时间眺望,直到暮色降临,归鸟入巢。看得眼眶都快要决裂,方才罢休。这时的诗人,遥想孔子那"登东山而小鲁,登泰山而小天下"的恢宏气度,不禁油然而生一种凌云壮志:一定攀登绝顶,"一览众山小"。

元太宗九年(1237年)二月,著名诗人元好问从山东东平县返山西太原,途中游览黄华山,写下一首《游黄华山》诗:

黄华水帘天下绝,我初闻之雪溪翁。
丹霞翠壁高欢宫,银河下濯青芙蓉。
昨朝一游亦偶尔,更觉摹写难为功。
是时气节已三月,山木赤立无春容。
湍声汹汹转绝壑,雪气凛凛随阴风。
悬流千丈忽当眼,芥蒂一洗平生胸。
雷公怒击散飞雹,日脚倒射愁龙公。
轻明圆转不相碍,变见融结谁为雄?
归来心魄为动荡,晓梦月落春山空。
手中仙人九节杖,每恨胜景不得穷。
携壶重来岩下宿,道人已约山樱红。

黄华山又称隆虑山、林虑山,在今河南林州市西,风景优美。刘祁《归潜志·游林虑西山记》写道:"稍南,孤峰削成,

[元] 盛懋《秋舸聚饮图》

拔地划出,号挂镜台。台西树林间,望山脊玉虹,蜿蜒下垂,摇曳有声。迫视之,悬泉也。"元好问诗题曰"游黄华山",而游兴却完全在这位于山北岩的"悬泉"(即瀑布)。诗人早已听说过"黄华水帘天下绝",实地游览,的确感到黄华瀑布惊心动魄。望着眼前的"悬流千丈",激起的不是美的礼赞、美的联想,而是荡涤平生胸中的积怨,冲决自我封闭的灵魂,创成整个生命的震撼。及至归来,魂魄仍然为之动荡,连梦中都企盼再次遍游黄华胜景。似乎可以这样说,那瀑布尽管泻入绝壑冲腾而去,但也潜入诗人的心灵,激起了永不衰竭的情感洪波。

从这两个典型的例子可以看出,山水泉石对人心胸怀抱的感发作用极为巨大。历代的骚人墨客对此也多有阐发。刘禹锡游九华山感到"奇峰一见惊魂魄"(《九华山歌》);游华山,更是"一见换神骨",感叹"高山固无限,如此方为岳!丈夫无特达,虽贵犹碌碌"(《华山歌》),激发起追求像华山那样峻拔出众的才德的志向。刘祁《游林虑西山记》说得更为明白:"盖泉自石门而下,初势甚微,已而散布半空,特诡异。其始来也,如飘风扇雪,弥漫一天。少焉,如骤雨落云,淋漓万壑;或如飞练千尺,腾掷不收;又如珠帘百幅,联翩下坠,乍散乍聚,乍缓乍急,乍去乍来,乍巨乍细,霏微滴沥,溅面洒肌,浩荡铿,惊心动魄,可以起壮志,可以醒醉魂,可以洗尘纷,可以平宿愤。"所以,清代文学家尤侗在《天下名山游记序》中明确指出,"士即负

[五代]关仝《关山行旅图》

旷世逸才,不得云海荡胸、烟峦决眦,皆无以发其欹崎历落之思,飞扬拔扈之气"。

心胸怀抱的感发激荡,必然使以抒情言志为宗旨的诗文创作焕发出奇异的光彩。苏辙在《上枢密韩太尉书》中说,"太史公行天下,周览四海名山大川,与燕赵间豪俊交游,故其文疏荡,颇有奇气"。这就明确指出,司马迁雄浑雅健的文风得力于名山大川的游历。南朝著名文学理论批评家刘勰在《文心雕龙·物色》中更从创作角度指出:"若乃山林皋壤,实文思奥府,略语则阙,详说则繁,然则屈平所以能洞鉴风骚之情者,抑亦江山之助乎?"认为"山林"和"皋壤"(水滨)是诱发诗兴的宝库,屈原之所以能够洞察风骚之情,写出千古华章,就是深得江山之助。的确,屈原最伟大的作品《离骚》就是他被放逐之后,漂泊江南时期写成的。

谢灵运之所以成为著名山水诗人,也是他由于政治上不得志,"遂肆意游邀",遍游江南名山胜水,"所至辄为诗咏",在自己描写山川景色的感发中"以致其意"(沈约《宋书·谢灵运传》),借游览平素爱好的山水来吐泻胸中郁勃愤懑之气,从而真正开创了影响深远的中国山水诗。正如白居易《读谢灵运诗》所评论的那样:"谢公才廓落,与世不相遇。壮志郁不用,须有所泄处。泄为山水诗,逸韵谐奇趣。大必笼天海,细不遗草树。岂唯玩景物,亦欲摅心素。往往即事中,未能忘兴谕。因之康乐作,不独在章句。"

元末明初文学家贝琼在《游冶亭记》中说得好,"君子不见山川之胜,无以广其志,宜其文"。屈原、谢灵运正是在漫游名山大川中创作出不朽的诗篇。其实,"东山可望,林泉生谢客之文;南国多才,江山助屈平之气"(王勃《越州秋日宴山亭序》),只不过是文人学士得江山之助的典型。类似的例子还很多,刘禹锡"谪于沅、湘间,为江山风物之所荡,往往指事成歌诗"(《刘氏集略说》),创作了大量优秀的诗篇;柳宗元贬永州,"投迹山水地,放情咏《离骚》"(《游南亭夜还叙志七十韵》),创作了大量优秀的山水游记,成为游记的"正体"。所有这一切都表明,山水泉石的确给予文人学士极其丰厚的艺术滋养。刘勰在

《文心雕龙·物色》中说得好:"山沓水匝,树杂云合。目既往还,心亦吐纳。春日迟迟,秋风飒飒。情往似赠,兴来如答。"

总之,漫游名山大川,对于增长学识,陶冶情感,创作诗文,的确具有莫大帮助。"读万卷书,行万里路",信然!

二　搜尽奇峰打草稿

如果把眼光从传统的诗文领域转移到绘画领域,就会发现,画家"读万卷书,行万里路",对于其山水画创作具有更直接更明显的意义。借用清代绘画大师石涛的话来说,这意义就是"搜尽奇峰打草稿"。

本来,山水画是士大夫观察自然、体验自然的结果,是"外师造化,中得心源"(唐张璪语)的艺术创造。从宗炳、王微开始,到唐宋时代的山水画家,向来都十分重视游历名山大川,甚或隐居名山大川,日与山林烟霞、泉石绝壑为伍,潜心观察山水泉石的外在形貌和内在精神,以便进行艺术的创造。但是,随着山水画历经唐、宋、元、明千余年的递进,至清初已形成巨大的传统重负。明代晚期到清代初期的山水画坛,一直为临摹古人的风气所笼罩。明代的董其昌力图在传统技法的继承中寻求出路,结果却把熟练地掌握古人的图式放在首位而忽视师法自然,把抒情写意放在首位而忽视丘壑描绘。这样一来,山水画远离真实山水而成为越来越抽象的符号。清初的王时敏、王鉴、王翚、王原祁合称"四王",更继承董其昌的衣钵,主张学画要从摹拟古人入手,并认为这是唯一正确的方法,专注于所谓

[清]石涛《黄山图》

的"南宗"山水。尽管笔墨技巧历经千锤百炼的功夫，终因缺乏对真山真水的观察体验而没有摆脱古人的窠臼。正是在这样的背景下，石涛担负起革新画坛流弊的使命。

石涛（1642—约1718年），原姓朱，名若极。明靖江王朱守谦后裔，出生在广西全州。他的父亲朱亨嘉于明亡后在桂林自称"监国"，为南明广西巡抚瞿式耜所杀。当时石涛年仅五岁，为了保全性命，只得削发为僧，法名原济，亦作元济；一字石涛，号大涤子、清湘陈人、清湘遗人、瞎尊者、零丁老人等，自称苦瓜和尚。石涛早年一方面云游四方，研习佛学；一方面喜爱山水，多次登临黄山、敬亭山、庐山、天台山等名山，游览作画，摹绘自然。曾流寓宣城十年，与梅清、梅庚、戴本孝等有名画家交游，相互影响，合称"黄山派"。中年与师兄喝涛住南京一枝阁，别号"一枝叟"。康熙二十九年（1690年）应辅国将军博尔都、大司农王骘之邀，到北京做客三年。晚年游江淮，定居扬州作画，山水、花果、兰竹以及人物都很擅长，画名盛极一时。

康熙三十年（1691年），时年五十的石涛北游京师，应天津大悲庵主人慎庵和尚之请，创作了《搜尽奇峰图》卷。这幅纸本水墨山水名作，纵四十二点八厘米，横二百八十五点五厘米。卷首题隶书"搜尽奇峰打草稿"一行，纸末又写下了较长的跋语：

［清］石涛《凌歊台图》

　　　郭河阳论画，山有可望者、可游者、可居者。余曰：江南江北，水陆平川，新沙古岸，是可居者。浅则赤壁苍横，湖桥断岸；深则林峦翠滴，瀑水悬争，是可游者。高峰入云，飞岩堕日，山无凡土，石长无根，木不妄有，是可望者。今之游于笔墨者，总是名山大川，未览幽岩，独屋何居。出郭（同廓）何曾百里，入室那容半年。交泛滥之酒杯，货簇新之古董。道眼未明，纵横习气安可辩焉。自谓之曰：此某家笔墨，此某家法派，犹有人之示盲人丑妇之评丑妇尔，赏鉴云乎哉！不立一法，是吾宗也；不舍一法，是吾旨也。学者知之乎？……

在这里，石涛对于那种并未曾游览名山大川，一味地以模仿前人笔墨法度而制造山水假古董的风气进行了猛烈的抨击，指出绘画应当在广泛鉴借前人（不舍一法）的基础上进行独到的创新（不立一法）。怎样才能进行山水画的戛戛独创呢？在石涛看来，根本的出路即在于游览名山大川，"搜尽奇峰打草稿"，使山水画"脱胎于山川"。石涛在他的《苦瓜和尚语录》（又称《石涛画语录》）中明确指出：

> 山川，天地之形也；风雨晦明，山川之气象也；疏密深远，山川之约径也；纵横吞吐，山川之节奏也；阴阳浓淡，山川之凝神也；水云聚散，山川之联属也；蹲跳向背，山川之行藏也。

这段话的意思是说：山川本身体现着天地宇宙的形势，因而气象万千，姿态纵横。风雨晦明，体现着山川的气象；疏密深远，显示出山川有屈有直；纵横吞吐，体现着山川绵亘开合的节奏；阴阳浓淡，使山川神志得到集中显豁的表露；水聚云散，使山川的气脉相连；蹲、跳、

［清］石涛《搜尽奇峰图》卷

向、背诸状，使山川有或动或静的姿态。面对如此多彩的山山水水，画家自然应当"测山川之形势，度地土之广远，审峰嶂之疏密，识烟云之蒙昧"，在观察、体验、领悟自然山水的形貌与精神的基础上，进行艺术创造。在《苦瓜和尚语录》中，石涛还坦率地表白，五十岁以前，尚未悟透作画当师法造化，"脱胎于山川"的道理。因此，"搜尽奇峰打草稿"这句名言，就是石涛一生的艺术追求。

纵观山水画的发展历程，石涛的这种追求并非孤立的个人旨趣，也是前代和当时优秀山水画家绘画实践的总结。且不远论南朝、隋唐、宋元，就是在拟古风气开始盛行的明代，也有不少画家注重师法自然。明初画家王履在洪武十六年（1383年）游华山，目睹大自然的雄奇秀丽，深悟绘画不应局限于古人陈法，必须师法自然之理，作《华山图》册，并在自序中说："吾师心，心师目，目师华山。"明末画家杨补，善画山水，好游虞山，揽取其烟峦雨岫，绿净翠鲜，熔铸在山水画之中。他还曾画一小景，大不盈掌，而自作题记说："永嘉郭外山川，点点皆倪、黄粉本也。"认为元代著名画家倪瓒、黄公望都是以秀丽的江南山水作为绘画的蓝本，显然有师法自然的意蕴在其中。而与石涛并称清初"四画僧"的渐江、石溪、八大山人，无不广事游历，饱览名山胜水。渐江自称"敢言天地是吾师，万壑千岩独杖藜"，早年从家乡安徽歙县

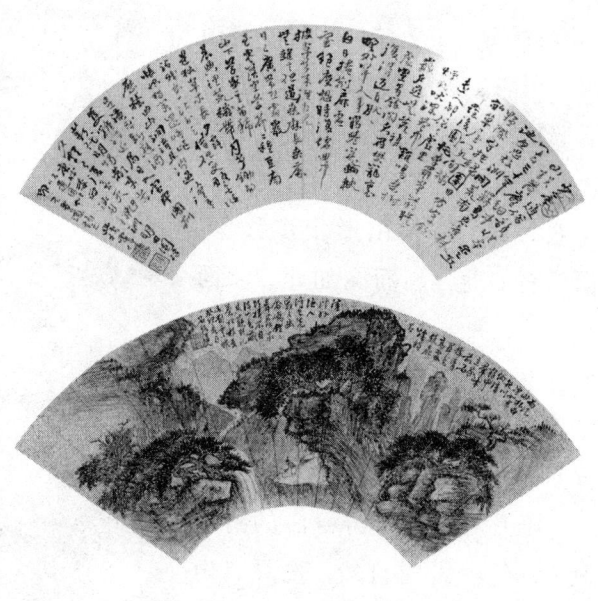

［清］髡残《草书陶诗》

赴闽游武夷山,晚年居住在黄山一带,寝馈于黄山峰峦,同时代的画家查士标题他的《黄山山水册》道:"渐公画入武夷而一变,归黄山而益奇。"石溪体弱多病,但自知"论画精髓者必多书史,登山穷源方能造意",所以早年参学诸方,行脚吴越,游历黄山、天台、雁荡等名山,晚年长居南京附近的牛首山和幽栖山,故而精写山水。八大山人赞赏南朝画家宗炳"凡所游履,图之于室"的创作方法,石涛写给他的信札称赞他年七十四五还"登山如飞",可见八大山人也是经常游山涉水,以天地为师。

从绘画理论上看,"搜尽奇峰打草稿"这句名言,不仅能够概括石涛前人和同代时人的绘画实践经验,而且也是北宋著名画家、理论家郭熙"饱游饫看"主张的发扬光大。在《林泉高致·山水训》中,郭熙明确总结出一套"饱游饫看"的方法,如对"真山水之川谷,远望之取其势,近看之取其质";"山近看如此,远数里看又如此,远十数里看又如此,每看每异,所谓山形步步移也;山正面如此,侧面又如此,背面又如此,每看每异,所谓山形面面看也"。石涛则把游历山川,观赏景致同创造过程密切联系起来,显然比郭熙又前进了一大步。

唯其如此,石涛身后的清代画家都纷纷走向自然,搜寻名山胜水,寻求创作灵感。华喦(1682—1756年)中年北游恒山、

[现代]刘海粟《可以横抱西海巅》

华岳，饱览雪山琛驼之景，作《天山积雪图》，真切别致。张庚（1685—1760年）遍游南北，探访名迹，历时十余年，所作山水不拘一体，颇有新意。黄易（1744—1802年）五十四岁游泰山，作《岱麓访碑图册》，共二十四页，每页纵十七点四厘米。横五十点八厘米，均写在泰山等处访寻、拓印碑刻过程中的真实情景，最后一页自记道："嘉庆二年（1797年）正月七日，余携女夫李此山游岱，自邹、鲁达泰郡，淑夫虽舒，盘道犹雪，不及登山。遂至历下，与江秬香遍览诸胜。二月至泰山，登绝顶，遍拓碑刻，夙愿始偿。遇胜地自留粉本，成图二十有四，并记所得金石，以志古缘。"

直到现代，山水国画大师都曾跋山涉水，"搜尽奇峰"，摹绘山水。黄宾虹早年潜心研究古人字画，旅沪二十年，搜揽宋、元墨迹，临摹百数十本，中年以后渐渐悟出一个道理：师法古人以后，必须师法造化。从三十五岁时游黄山以后，多次游黄山，六十五岁赴广西游桂林、阳朔，六十八岁往江浙游天台、雁荡，六十九岁逆长江而上，入四川游峨眉、青城，七十二岁又赴广西，重游桂林山水。每到一处，必以诗纪行，以画图胜，创作了大量元气淋漓、墨华飞动、浑厚华滋、意境深邃的山水佳作。刘海粟十上黄山，更有传奇色彩。1918年，早负盛名的刘海粟首次登上黄山。那时，上山的路径极差，几乎没有游人，但凭着对绘画艺术的执著精神，刘海粟不畏艰难，毅然攀登黄山。20世纪20年代，刘海粟两次上黄山；1935年冬，刘海粟四上黄山；1936年冬，五上黄山；1954年，六上黄山；1980年夏，年已八十五岁高龄，第七次登上黄山；1981年，八上黄山；1982年，九上黄山；1988年，海粟老人更以九十三岁高寿十上黄山。1988年9月，上海市文化局、中国美术家协会上海分会和上海市公共关系协会，在上海美术馆举办了隆重的"刘海粟十上黄山展"，展出十上黄山新作及历次上黄山之作中的国画七十幅、油画三十幅，在海内外引起强烈反响，海粟老人也被誉为"自然之父"。他把"搜尽奇峰打草稿"的艺术精神和绘画实践，推向了前所未有的高度。

三 人知游山乐，不知游山学
——游历名山大川与科学考察

从艺术上说，名山大川作为绘画描摹的对象，提供给画家以最美的蓝本；而从科学上看，名山大川的千姿百态、神奇秀丽，则蕴藏着无穷无尽的造化奥秘，等待着有心人去考察发掘。

在中国历史上，较早系统考察山川形势的是北魏地理学家和文学家郦道元。郦道元，字善长，祖籍范阳涿县（今河北涿县）人，大约于皇兴三年（469年）出生于青州（今属山东），少年时代就喜欢游山玩水。他在《水经注》中多次写到当年在青州耽乐于山水的情景。如在《淄水篇》中说："阳水东北流径广县故城西，旧青州刺史治，亦曰青州城……余生长东齐，极游其下。"又在《巨洋水篇》中说："余总角之年，侍节东州。至若炎夏火流，闲居静想，提琴命友，嬉娱永日。桂笋寻波，轻林委浪。琴歌既洽，欢情亦畅。是焉栖寄，实可凭衿。"这对郦道元日后的山川游历考察奠定了一定的基础。

永平中（508—512年），郦道元任鲁阳太守，当时朝廷要求图绘山川形势。郦道元不满足于已有的文献记载，进行广泛的实地考察，游踪所及，遍布北部中国，今山西、陕西、河北、河南、山东、内蒙古、皖北等地，都是郦道元经常跋涉之地。在考

［明］刘珏《夏云欲雨图》

察过程中，郦道元精心"访渎搜渠"，对山川河流进行了认真的考察。在《水经注》卷二十六《淄水注》中，记载了他关于营陵与营丘的分析考证。对于营丘这样一个小小的岗阜，他不仅把位置、周围长度和高度测算得非常准确，连小丘南北坡的高度差异也不轻易放过。由此可见，郦道元的野外考察相当细致和踏实。在实地考察的基础上，郦道元撰成了闪耀着科学光辉和文学异彩的地理学专著《水经注》。

《水经》本是完成于三国时期的一部地理书，记述了黄河、长江、渭水、沔水、济水、漯水、汝水、淮水等一百三十七条河流。但《水经》的记载极为简略，只记河流的发源、流程及归宿，而且随着时代的发展，地名变异颇多，出现了《水经》的记载与实际不相吻合的情形。郦道元根据实地考察结果并博引有关地理书籍而著成的《水经注》，篇幅超过原著二十倍，内容更将原书所载河流由一百三十七条扩载为一千二百五十二条。注解以水道河流为主线，对其源头、流向、河道变迁、名称改易，一一叙其原委；并因水及地，因地及事，以模山范水的艺术性语言，详述河道流经地区的山陵、陂泽、郡县、城邑、关津、亭障、名胜、物产、农田、水利，以及史事、人物、故事、神话、歌谣、谚语、方言等内容，从而使《水经注》的科学价值和文学价值十分巨大。清人刘献廷说得好："郦道元博极群书，识周天壤。其注《水经》也，于四渎百川之原委支派，出入分合，莫不定其方向，纪其道理。数千年之往迹故渎，如观掌纹而数家宝。更有余力铺写景物，片语只字，妙绝古今。"（《广阳杂记》卷四）

在郦道元游览名山大川进行实地考察以后，沈括也很注重对山川名胜的考察。沈括是宋代杰出的博物学家，也是足迹踏遍大江南北的旅行家，"凡所至之处，莫不询究"。他游览雁荡山，仔细观察雁荡的奇峰怪石。在《梦溪笔谈》中，沈括有这样的记载："予观雁荡诸峰，皆峭拔险怪，上耸千尺。穹崖巨谷，不类他山，皆包在诸谷中，自岭外望之，都无所见，至谷中则森然干霄。"由此推测："当是为谷中大水冲激，沙土尽去，唯有巨石岿然挺立耳。如大小龙湫、小帘、初月谷之类，皆是水凿之穴。"我国现代地理学家竺可桢认为，沈括所说的大水冲激，沙土尽去，就是剥蚀作用，这说明沈括对于流水对地形的侵蚀作用已经有了相当正确的认识。在西欧学术界，关于侵蚀学说，一直到1780年才由英国地质学家郝顿提出，和沈括相比晚了六百多年。

沈括还对山川气候的垂直变化作了实际观察和理论阐述。《梦溪笔谈》中有这样一段论述："缘土气有早晚，天时有衍伏，如平地三月花者，深山则四月花，白乐天游大林寺（庐山）诗云：'人间四月芳菲尽，山寺桃花始盛开'，盖常理也。此地势高下不同也。"沈括对自然景观的时空变化给以科学解释，使名山大川闪耀出科学的光辉。

如果说郦道元对山川河流的考察侧重于外在形貌，沈括对山川景色的考察深入到内在本质，那么，明代地理学家、旅行家徐霞客对名山大川的考察则把二者有机地结合起来，把古代士大夫对山川的审美游览与科学研究推向了前所未有的高度。

徐霞客（1587—1641年），名弘祖，字振之，明南直隶江阴（今江苏江阴）人。他生于明朝末年，正是后世所谓"经世致用"的新学风始抬头之际，自幼好读历史、方志、游记之类的书籍。科举应试失败，更加向往"问奇于名山大川"的生活。常说："大丈夫当朝碧海而暮苍梧，何乃以一隅自限耶？"万历三十五年（1607年），二十二岁的徐霞客戴着母亲缝制的远游冠开始出游。每次都专游一处或兼游几处，历数十日而归。在此后二十七年中，徐霞客始则泛舟太湖，尔后登北方的泰山、嵩山、华山、恒山、五台山以及北京附近的盘山，转赴南方的黄山、庐山、天台山、雁荡山、洛迦山、武夷山、九鲤湖及罗浮山等。崇祯九年（1636年），时年五十一岁的徐霞客毅然从家乡启程，踏上西游的行程，途经今江苏、浙江、江西、湖南、广西、贵州、云南、和上海八省、区、直辖市，历时三年十个月，直到五十五岁才返回故里。

徐霞客遍游名山大川，固然是出于对祖国壮丽河山的热爱，更主要的却是为了探索山川奥秘，进行实地的科学考察。清代学者潘耒在《徐霞客游记序》中说：

> 霞客之游，在中州者，无大过人；其奇绝者，闽、粤、

[清] 石涛《狂壑晴岚图》

楚、蜀、滇、黔、百蛮荒徼之区，皆往返再四。其行不从官道，但有名胜，辄迂回屈曲以寻之：先审视山脉如何去来，水脉如何分合，既得大势，然后一丘一壑，支搜节讨。登不必有径，荒榛密菁，无不穿也；涉不必有津，冲湍恶泷，无不绝也。峰极危者，必跃而踞其颠；洞极邃者，必猿挂蛇行，穷其旁出之窦。穷途不忧，行误不悔。瞑则寝树石之间，饥则啖草木之实，不避风雨，不惮虎狼，不计程期，不求伴侣，以性灵游，以躯命游。亘古以来，一人而已！

潘耒所谓"在中州者"，是指徐霞客从二十二岁起到崇祯六年（1633年）游览名山的经历。这些名山游虽说"无大过人"，却也有过人之处。例如，在雁荡山，为了寻找雁湖，他在悬崖间用裹足布当绳子，悬缒上下，布为石勒，差一点葬身深壑；为了攀登一处透漏通明的山洞，他"梯而登；不及，则斫木横嵌夹石间，践木以升；复不及，则以绳引梯悬石隙之树。梯穷济以木，木穷济以梯，梯木俱穷，则引绳揉树"（《游雁岩山日记后》）。经过如此艰苦的努力，才得以进入圆洞之中。

当然，比上述游历更奇绝的，还是徐霞客的西游经历。为了进行科学考察，徐霞客以大无畏的精神和不屈不挠的毅力，"望险而趋"。现在，就让我们来看几个他历险的镜头。

先看"上山"。在云南腾冲北部地区考察途中,徐霞客远远望见一山峥嵘辣峙,已觉奇绝,及至山麓,又发现层见叠出的山崖间还有一洞,舍不得离开。尽管没有上山的道路,他还是让同行的顾仆在路边守候,自己却仰攀而上:"土削不能受足,以指攀草根而登。已而草根亦不能受指,幸而及石。然石亦不坚,践之辄陨,攀之亦陨,间得一少粘者,绷足挂指,如平帖于壁,不容移一步。""久之,先试得其两手两足四处不摧之石,然后悬空移一手,随悬空移一足,一手足牢,然后悬空又移一手足。"就这样,徐霞客终于攀上峰头,探明这里洞虽不深,但亦多"侧垂之乳","后壁环拥,下裂小门",有的"夹成曲房",有的"旋为后室"。下山时,徐霞客根据这里虽然悬崖无路,却"草根悬缀"的特点,"坐而下坠"。"以双足向前,两手反而后揣草根,略逗其投空之势",从悬崖上"坠"下一里,"与顾仆见,若更生也"(《滇游日记九》)。

再看"入洞"。在湖南茶陵县考察麻叶湾时,当地人都认为附近的上清洞和麻叶洞是"神龙蛰处,非唯难入,亦不敢入",从来没有人进去过。徐霞客听了,却兴致盎然地游了两洞。游上清洞时,"导者止供炬燕火,无肯为前驱者"。徐霞客"解衣伏水,蛇行以进"。由于"石隙既低而复隘,且水没其大半"。徐霞客只好"身伏水中,手擎火炬,

[元] 赵孟頫《鹊华秋色图》

而出水上"，才得以进去。"西入二丈，隙始高裂丈余，南北横裂者三丈余，然俱无入处，唯直西一窦，阔丈五，高二尺，而水没其中者亦尺五，隙之余（高出）水面者，五寸而已"。徐霞客"匍匐水中"，"口鼻俱濡水，且以炬探之，贴隙顶而入，犹半为水渍"。及出"山洞披衣，犹觉周身起粟"（《游麻叶洞日记》），在洞口烤了较长时间的火才又继续游览考察。

在旅游考察途中，徐霞客不仅攀危崖，登绝壁，入洞穴，涉洪流，历尽千辛万苦，而且屡次绝粮，多次遇盗，险些丧命。崇祯十年（1637年）二月十一日，徐霞客一行数人在湘江遇盗。当时，他们乘的船停泊在衡州府城南新塘站的上流对岸。入夜以后，"忽闻岸上涯边有啼号声，若幼童，又若妇女。更余不止"。打过二更，"群盗喊杀入舟，火炬刀剑交丛而下"。这时的徐霞客还没有睡着，"急从卧板下取匣中游资移之，越艾舱，欲从舟尾赴水"而逃。但是船尾的强盗"方挥剑斫尾门，不得出，乃力掀篷隙，莽投之江中"，才又跑回卧处，"觅衣披之"。他的随行人员"或赤身，或拥被，俱逼聚一处"。强盗涌进来用"刀戟乱戳，无不以赤体受之者"。此时此刻，徐霞客以为"必为盗执"，同他的随行人员"各跪而请命"。然而，这些强盗毫无慈悲，仍然乱戳不已。在无可奈何的情况下，他们只好"一涌掀篷入水"。徐霞客最后一个跳进水中，"足为竹缚所绊，竟同篷倒翻而下。首先及江底。耳鼻灌水一口，急跃而起，幸水浅止及腰，乃逆流行江中，得邻舟间避而至，遂跃入其中"，才得以逃生。同行者一僧一仆皆被刀创。三人被洗劫一空，竟至赤身露体，已经到了山穷水尽的境地，有人劝徐霞客返回故乡，但他义无反顾，继续前行。

正是这种"以身许诸山水"，"不惮以身命殉"的精神，使徐霞客对名山大川的考察取得了举世瞩目的成绩。经过"北历三秦，南极五岭，西出石门金沙"的实地考察，徐霞客终于探明金沙江比岷江约长一千里，发现"江源者，必当以金沙江为首"，从而推翻了自《禹贡》提出"岷江导江"以来，两千多年中认为岷江是长江正源的错误说法。徐霞客还辨析了盘江、左右江、龙川江、麓川江、大盈江、澜沧江、潞江、元江、枯柯江等河流的源流，纠正了《大明一统志》有关记载的混乱和错误。

徐霞客晚年对西南岩溶地貌的考察和取得的成就，更值得称颂。石灰岩由于受水的溶解作用及伴随的机械作用，形成诸如峰林、岩洞等各种地貌，这在地理学上称为岩溶地貌。徐霞客经过对湖广、广西、贵州、云南等地的考察，准确地确定了西南地区石灰岩地貌分布的范围，正确描述了这一区域中不同地区的特点以及各种石灰岩地貌类型的成因。他精辟地指出，桂林一带是纯石灰岩地区，"四顾石峰，不受寸土"，于是形成"廉利侔刀戟"的峰林，而柳州附近地区却因"两岸山土石间出，土地迤逦"，呈现出"如锥处囊中，尤觉有脱颖异"的形状。他对溶洞的考察，更具有开创性。为探明石灰岩溶洞的特点、结构，徐霞客身历足涉一百多个溶洞，对洞穴的位置、高度、长度、宽度，地下河湖的深度、面积等，都作了目测、步测、杖测和声测，获得十分准确的测量结果。20世纪50年代，现代地理学家陈述彭比照《徐霞客游记》对桂林七星岩进行科学测量，得到的数据与三百多年前徐霞客的目测步量结果竟然大致相符，充分证实了徐霞客考察记述的准确性。难怪英国著名科学史家李约瑟博士在《中国科学技术史》中要说："《徐霞客游记》读来并不像是十七世纪的学者所写的东西，倒像是一位二十世纪的野外勘测家所写的考察记录。"

对科学考察成果的表达，徐霞客才华横溢，文采斐然。在他笔下，名山、奇洞跃然纸上。他描绘雁荡山灵峰、灵岩，"山脉两壁，峭立亘天，危峰乱叠，如削如攒，如骈笋，如挺芝，如笔之卓，如幞之欹。洞有口如卷模者，潭有碧水如澄靛者"，生动地刻画出垂直节理发育的流纹岩地貌形态。描写黄山文殊院（玉屏楼），则"四顾奇峰错列，众壑纵横"，石笋石工，"瞰坞中峰石回攒，藻绩满眼……不若此之闳博富丽也"，描绘出高山花岗岩景观的形象特征。他记述七星岩中溶洞："其中有弄球之狮，卷鼻之象，长颈盘背之骆驼；有土冢之祭，则猪鬣鹅掌，罗列于前；有罗汉之燕（同宴），则金盏银台，排列于下。其高处有山神，长尺许，飞坐悬崖；其深处有佛像，仅七寸，端居半壁菩萨

[元] 黄公望《富春山居图》

之侧。"徐霞客用人间万象去描绘溶洞变迁过程中形成的瑰奇情状，显得活灵活现。类似的例子，在《徐霞客游记》中比比皆是，不胜枚举。

总之，徐霞客把欣赏山水景观之美与探讨其形成过程之理有机地结合起来，写成驰名中外的《徐霞客游记》，使读者既能享受峰峦岩壑的自然美，又能获得山川地貌的科学知识，的确是了不起的创造。

在徐霞客之后，鸦片战争之前，我国还有不少热爱祖国山水，为考察、探索山川科学而付出艰苦劳动的旅行家和地理学家，其中尤其值得一提的是"足迹几遍域中"的魏源。龚自珍称赞他"读万卷书，行万里路；综一代典，成一家言"，是了不起的大旅行家。他对山川的研究有独到之处。在著名的《衡岳吟》中，他对五岳形象作了生动的描绘："恒山如行，岱山如坐，华山如立，嵩山如卧，唯有南岳独如飞。"他还提出"游山学"的思想，在《游山吟》中写道：

人知游山乐，不知游山学。人生天地间，息息宜通天地籥。特立山之介，空洞山之聪，淳蓄山之奥，流驶山之通。泉能使山静，石能使山雄，云能使山活，树能使山葱。谁超泉石云树外，悟入介奥通明中？游山浅，见山肤泽；游山深，见山魂魄。与山为一始知山，瘠痒形神合为一。蜗争膻慕世间人，请来一共云山夕。

显然，魏源的这种倡导，正好是对徐霞客的游历考察实践在学理上的发扬光大。

近代以来，随着科学技术的进步，人们对于山水泉石的科学考察和旅游开发，已获得突破性发展。但是，以徐霞客为典型代表的中国士大夫在这方面的贡献，直到今天，仍然是一笔巨大的文化财富。

第六章

水驿山程与宦游情结

人生是短暂的。怎样才能使短暂的人生获得永恒的意义,这是每一个重视生命存在价值的人都魂牵梦萦的问题。我国自古以来就有"三不朽"的说法。《左传·襄公四年》有言:"太上有立德,其次有立功,其次有立言。虽久不废,此谓之不朽。""立德"是圣人之事,一般人不可企及,"立言"是不得已而为之,所以对于大夫来说,现实而理想的选择就是"立功"。士人一旦选择入仕社会的人生道路,总是以建功立业作为人生的最高目标。这似乎离自然山水越来越远。然而,当他们踏上宦游的漫长道路,在仕宦生涯中不得不经常面临辞亲别友、思念故乡、经历迁谪等严峻的现实。所有这一切经历,都与自然山水紧密联系在一起,产生出浓厚的"水驿山程宦游情"。

一 多情自古伤离别,山为无色水呜咽

有一支歌从唐代就开始传唱,直到今天,还不时地回荡在人们的耳边:

渭城朝雨浥轻尘,客舍青青柳色新。
劝君更进一杯酒,西出阳关无故人。

歌词本是王维《送元二使安西》,演唱时有所发展,将诗中的"西出阳关无故人"一句重复三次,一唱三叹。以传达送行者对远行人深刻挚诚的惜别之情。这支歌就是世人皆知的《阳关三叠》。

为什么《阳关三叠》千百年来传唱不衰?这固然有其艺术上的成功,但最根本的,恐怕还是在于它传达出国人发自内心深处的一种美好情感:依依不舍的离情别绪。在古代,由于交通工具落后,通讯极不方便,人们对于离别极其重视,甚至把它与"死别"看成等而相同的事情,所谓"生离死别"就透露出个中信息。士大夫要出来做官,博取功名,不可避免地要离别亲朋好友、妻室儿女。这样,离别就成为伴随

士大夫仕官生涯中不可分割的组成部分。

离别与山水景物具有一种内在的联系：分手之际，离不开有山有水的特定情境；分手之后，山程水驿，成为行人面对的特定行旅；山回路转，水流天际，隔不断送行者的浓浓情思。试读李白《黄鹤楼送孟浩然之广陵》绝句，我们就可以形象地感受到这一点。

故人西辞黄鹤楼，烟花三月下扬州。
孤帆远影碧空尽，唯见长江天际流。

那是在盛唐开元年间的一个阳春三月，孟浩然要顺江而下前往扬州，李白在黄鹤楼为他送行。孟浩然登舟以后，李白目送友人，直到孟浩然的船消失在远方，还在那里深情地凝望着滚滚东去的长江。由此可见，古代的离别总是与特定的山水绾合在一起的。我们可从以下几个侧面来叙述山水风光中的种种离别。

到了一定年龄，辞亲别友，参加科举考试，或交游王侯，以寻求入仕的机会，自然就是宦游别离的开始。熟悉古典戏曲的朋友，恐怕早已想起王实甫《西厢记》中长亭送别的情景。在一个"碧云天，黄花地，西风紧，北雁南飞"的秋天，崔老夫人逼着张生赴京赶考，在"十里长亭，安排下筵席"为他送行。崔莺莺不胜悲苦，强忍心头的离情别意，送走自己的心上人："车儿投东，马儿向西。两意徘徊，

[清]任预《前程期远图》

落日山横翠。"望着张生远去的身影,莺莺只感到"青山隔远行,疏林不做美,淡烟暮霭相遮蔽。夕阳古道无人语,禾黍秋风听马嘶"。最后,无可奈何地驰车回去。张生与崔莺莺虽是戏中人物,却也是现实生活的真实概括,完全具有历史的真实性。所不同的,仅仅在于张生应试求官多少有些被迫无奈的意味,而要求入仕的士子则是更主动地采取行动。

　　一旦科举考试成功,或得到名公大臣举荐,求得一官半职,就算步入仕途。于是,怎样建功立业又成为新的人生奋斗目标。在古代,所谓建功立业,不外乎是建立军事功勋或文治功绩。不论是奔赴疆场还是出任地方官吏,与亲朋之间的分别,自然是仕宦别离的一个侧面。前面提到的王维《送元二使安西》,就是王维在长安西北渭水北岸的渭城送别一个姓元排行第二的朋友出使西北边疆。安西即唐朝为统辖西域地区而设立的安西都护府,治所在龟兹城(今新疆库车)。初盛唐时期的人们相信"功名只向马上取",所以王维的送别诗除了深挚的情谊,丝毫没有伤感的成分。这在盛唐边塞诗人岑参那里,更是豪宕感激。你看,他在《送李副使赴碛西官军》中写道:

　　　　火山六月应更热,赤亭道口行人绝。
　　　　知君惯度祁连城,岂能愁见轮台月。
　　　　脱鞍暂入酒家垆,送君万里西击胡。
　　　　功名只向马上取,真是英雄一丈夫。

[五代] 董源《潇湘图》

全诗以李副使（名不详）出塞途中必经的火山、赤亭这段最艰苦的旅程开篇，一下子便烘托出李副使不畏艰苦、毅然应命的豪迈气概。岑参非常佩服李副使的英雄本色，临别之际只是以知己的身份说话

［明］王谔《江阁远眺图》

行事，祝酒劝饮，给行者以莫大的鼓舞。

初盛唐时代，不仅送别朋友奔赴疆场是这样激昂慷慨，就是送别朋友出任地方官吏也是风云气多，儿女情少。王勃的朋友杜少府要离开京城长安到四川去赴任，王勃来到长安城边为他送行，吟了一首《送杜少府之任蜀州》：

　　　　城阙辅三秦，风烟望五津。
　　　　与君离别意，同是宦游人。
　　　　海内存知己，天涯若比邻。
　　　　无为在歧路，儿女共沾巾。

"三秦"泛指长安附近的关中之地。古为秦国，秦亡以后，项羽分其地为雍、塞、翟三国，故称"三秦"。"五津"指岷江上游的白华津、万里津、江首津、涉头津、江南津五大渡口，泛指"蜀州"。一为送别之地，一为宦游之所。王勃在送别时的遥望"风烟"则把相隔千里的秦蜀两地山川连在一起，唱出了"海内存知己，天涯若比邻"的旷世高情。所以直到今天，还广为人们所传颂。

当然，功名业绩并非如士大夫所期望的那样好取。在很多情况下，搏击在功名道上的士大夫"不如意事常八九"，往往遭遇到挫折。就拿

王勃来说，他十七岁对策及第，得到朝散郎的官职。担任沛王府修撰，应该说是少年得志。谁知好景不长，在他二十岁那年的春夏之交，几个王子斗鸡游嬉，王勃写了一篇游嬉文章《斗鸡檄》，假托沛王鸡传檄声讨英王鸡。唐高宗看了这篇檄文，大为震怒，认为是挑拨离间，立即把他赶出沛王府。王勃无奈，只好前往巴蜀，漂泊西南。在这种情形之下，送别友人难免调子低沉。他旅居巴蜀期间的《江亭夜月送别二首》写道：

江送巴南水，山横塞北云。
津亭秋月夜，谁见泣离群？

乱烟笼碧砌，飞月向南端。
寂寞离亭掩，江山此夜寒。

　　王勃送别之人是谁，已不可确考。两诗合看，大致可知当时的送别情景：送客之地是巴南，说话之所是津亭，启行之时是秋夜，分手之处是江边，而行人所去之地可能是塞北。诗人在江边送走行人，环顾离亭，仰望明月，远眺江山，一派凄凉寂寞，感怀无际。

　　仕宦不得意时，送别情调大都低回忧伤。南齐诗人范云被贬谪为零陵郡（治所在今湖南零陵县北）内史，途经新亭（在今南京市南），与他交情颇深的诗人谢朓为他送行，面对"江干远树浮，天末孤烟起。江天自如合，烟树还相似"（范云《之零陵郡次新亭》）的江、天、烟、树景色，写了《新亭送别范零陵云》一诗：

洞庭张乐地，潇湘帝子游。
云去苍梧野，水还江汉流。
停骖我怅望，辍棹子夷忧。
广平听方藉，茂陵将见求。
心事俱已矣，江上徒离忧。

从"停骖我怅望,辍棹子夷忧"一联,可知当时的送别情景:谢朓送范云,停车江边,怅望不返;范云停船江上,不忍离去。但范云终究要舟行过洞庭、潇湘,到零陵去赴任,分别已成定局。原来企图受到重用的希望化为乌有,只留下无限的"离忧",让人伤感不已。

如果在宦海风波中遭遇不幸打击,不得不抛妻别子,境况就更加凄苦悲惨。请看明代文学家杨慎离别妻子黄娥的情形。杨慎(1488—1559年),字用修,号升庵,四川新都人,自少聪颖,善为诗文。武宗正德六年(1511年),殿试第一,授翰林院修撰。正德十六年(1521年),武宗去世。因无子嗣,由其叔父兴献王的儿子朱厚熜继位,是为世宗。世宗继位,要尊称其生父兴献王为兴献皇帝,遭到朝廷大臣的多次反对。嘉靖三年(1524年),明世宗不顾朝廷反对,违反古训,潜尊自己的生父为太上皇。杨慎的父亲当朝宰辅杨廷和愤而还乡,杨慎带领群臣死谏,几遭廷杖,死而复苏,然后谪戍云南永昌卫(今云南保山县)。杨慎的爱妻黄娥伴送出京南下。溯长江而上,行至江陵,杨慎担心她受不了风尘颠簸,劝她回乡代己侍奉老父,不得不作生离死别。杨慎《恩遣戍滇纪行》叙及当时离别情形说:"江陵初解帆,苍皇理征衫。家人从此别,客泪不可缄。腾装首滇路,自愁程楚岩。"此时此刻,杨慎的心里该是怎样翻江倒海,卷起巨大的情感波澜啊!他在《临江仙·戍云南江陵别内》词中吟道:

楚塞巴山横渡口,行人莫上江

[明] 沈颢《闭户著书图》

楼。征骖去棹两悠悠。相看临远水,独自上孤舟。　　却羡多情沙上鸟,双飞双宿河洲。今宵明月为谁留?团团清影好,偏照别离愁。

在湖北的江陵渡口,诗人将与自己的爱妻黄娥作长久分离:一个西回四川,一个身赴南荒。"此际话离情,羁心忽自惊;佳期在何许,别恨转难平"(杨慎《江陵别内》),怎忍骤然相别!所以尽管一个已乘船西上,一个将骑马南行,却仍然两情依依,踟蹰徘徊,频相顾盼,情牵魂萦。

与夫妻之生离死别于山水风物中同样缠绵悱恻而又性质不同的,是士大夫宦游过程中与情侣的离别。奔竞于仕途,往往步履维艰,一些士大夫就陶醉于"醇酒妇人",在与歌儿舞女的周旋中求得人生的慰藉。然而,他们又不会因为与歌妓别有恋情就抛弃功名。放浪一些时日,又会为功名去奋斗拼搏。如此与歌妓恋人的别离也就不可避免。《艺苑雌黄》载,元丰三年(1080年),秦观漫游会稽,当时的郡守程思孟招待他住在郡舍蓬莱阁,"一日,席上所悦,自尔眷眷不能忘情,因赋长短句"。这一长短句就是著名的《满庭芳》词:

　　山抹微云,天连衰草,画角声断谯门。暂停征棹,聊共引离尊。多少蓬莱旧事,空回首,烟霭纷纷。斜阳外,寒鸦万点,流水绕孤村。

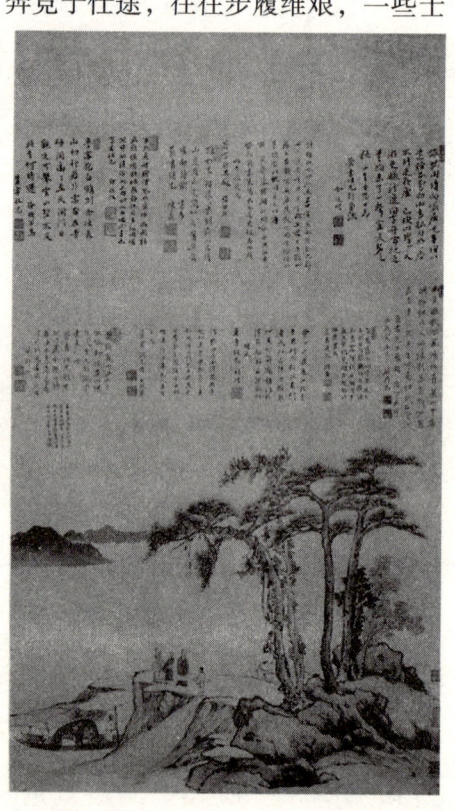

[明] 邵弥《贻鹤寄书图》

消魂，当此际，香囊暗解、罗带轻分。漫赢得青楼，薄幸名存。此去何时见也？襟袖上，空惹啼痕。伤情处，高城望断，灯火已黄昏。

　　从词句来看，秦观将离会稽，与那相好的歌女分手，离愁别恨萦绕于胸，难舍难分。望着起伏的远山被浮云轻轻遮掩，满目的枯草，从眼前一直延伸到天边，已是愁绪满怀，何况现在是把酒话别？此时此刻，美好的回忆与分别的痛苦交织在一起，真让人柔肠寸断。直到夕阳西下，寒鸦归林，他们才流着眼泪将随身佩戴的饰物香囊、罗带相互交换，留作别后相思的慰藉之物。然而这眼泪，这离愁，正如那环绕孤村的弯弯流水，是没有尽期的。

　　抒写离情别恨，风流词人柳永更是一位高手。柳永，原名三变，字耆卿。因排行第七，又称柳七，青年时代为了参加科举考试而在北宋京城汴京（今河南开封）度过了颇为长久的一段时光。据吴曾《能改斋漫录》和胡仔《苕溪渔隐丛话》记载，柳永词名早著，所作歌词，广为流传。"当时有荐其才者"，宋仁宗不喜欢柳永那种"浅斟低唱"的词风，就给他批了个"且去填词"。柳永不得志，自称"奉旨填词柳三变"，时常出入于娼馆酒楼，与歌儿舞女尽情欢乐。与此同时，他又多次离开汴京到外地漫游，浙江、苏州、扬州、江淮、长安、鄂州（今湖北武昌）、湖南等地，都曾留下他的足迹。在漫游过程中，与歌妓的离别是经常的事情。他那千古传诵的《雨霖铃》这样描写离别情景：

　　寒蝉凄切，对长亭晚，骤雨初歇。都门帐饮无绪，方留恋处，兰舟催发。执手相看泪眼，竟无语凝噎。念去去，千里烟波，暮霭沉沉楚天阔。　　多情自古伤离别，更那堪冷落清秋节！今宵酒醒何处？杨柳岸，晓风残月。此去经年，应是良辰好景虚设，便纵有千种风情，更与何人说？

　　在一个清冷的秋节，词人在汴京城外的一个渡头要与他的情侣离别，想到前去南方的"千里烟波"，唯有执手难分，泪眼相看。

"黯然销魂者，唯别而已矣！"这是南朝文学家江淹的深长感叹。在《别赋》中，江淹通过对富人伤神、侠士慷慨、从军凄惨、去国悲苦、少妇呜咽、恋人哀怨等种种人间别离场面的描写，指出别离"使人意夺神骇，心折骨惊"。透过士大夫离别情怀这个侧面，我们可以更好地理解人间真情，领会山川景色中闪耀着的人性光辉。

二　山一程，水一程，何日是归程

刚刚从离情别绪中走出来的士大夫，踏上山重水复的征途，渐行渐远，而对故土家乡的思念却愈来愈浓。于是，天涯羁旅的愁思也就迫上心头：

枯藤老树昏鸦，小桥流水人家，古道西风瘦马。夕阳西下，断肠人在天涯。（马致远《天净沙·秋思》）

已是秋风萧瑟，夕阳西下，远行人还骑着一匹瘦马在荒僻冷落的"古道"上艰难行走，面对荒郊旷野，但见老树兀立，枯藤缠绕，乌鸦瑟缩，好不孤寂凄楚。尽管不远处就有"小桥流水人家"，但这明丽而亲切的景致，反而更加激起远行人对那日渐遥远的故乡的思念，发出"断肠人在天涯"的浩叹！

漂泊天涯的游子，为什么不回到

［明］戴进《踏雪寻梅图》

自己的故土家乡？求官、做官，难道就那么重要？羁鸟尚且眷恋旧林，池鱼还要思念故渊，何况万物灵长的人类？一些士大夫想通了，也就潇潇洒洒地辞官归家。在西晋的时候，吴中有个姓张名翰字季鹰的人，被当时的执政者齐王司马冏任为大司马东曹掾，在洛阳做官。待到秋风萧瑟，张翰想起家乡的菰菜羹、鲈鱼脍，不禁感慨万端："秋风起兮木叶飞，吴江水兮鲈正肥。三千里兮家未归，恨难禁兮仰天悲。"唱罢，对人说："人生贵得适意尔，何能羁宦数千里以要（同邀）名爵！"于是驾起车马奔回吴中，留下了"莼羹鲈脍"的美谈（《世说新语·识鉴》）。

不过，能够像张季鹰那样因思念家乡而挂冠归去的士大夫却没有几人。多数人要求官，要做官，只有把对故乡的思念抛洒在山程水驿中。请看：

> 晨起动征铎，客行悲故乡。（温庭筠《商山早行》）

> 行人暂驻马，已不胜愁绝。（万俟咏《忆少年·陇首山》）

> 人人尽说江南好，游人只合江南老。（韦庄《菩萨蛮》）

> 故乡遥，何日去？家住吴门，久作长安旅。（周邦彦《苏幕遮》）

> 叹年来踪迹，何事苦淹留？（柳永《八声甘州》）

> 盼行程，数行程。秋满江湖客自惊，滩声杂雨声。（吴绮《长相思·舟夜》）

> 君问归期未有期，巴山夜雨涨秋池。（李商隐《夜雨寄北》）

登高远眺乡心起,关树重遮万岭西。(张佳胤《登函关城楼》)

三湘衰鬓逢秋色,万里归心对月明。(卢纶《晚次鄂州》)

天涯倦客,山中归路,望断故园心眼。(苏轼《永遇乐》)

这些历来传颂的诗词名句,十分生动形象地揭示了士大夫在宦海生涯中面对山川景色时的乡关之思。

开元年间,汴州(今河南开封)人崔颢考中进士。一时没有任以官职,他就到拥有佳山胜水的江南漫游。在武昌,崔颢登上黄鹤楼。面对汉阳城下的晴川绿树,鹦鹉洲上的萋萋芳草,有感于仙人跨鹤过此的虚无缥缈,想起自己的家乡,吟出美丽动人而又撩人愁思的千古名篇《黄鹤楼》:

昔人已乘黄鹤去,此地空余黄鹤楼。
黄鹤一去不复返,白云千载空悠悠。
晴川历历汉阳树,芳草萋萋鹦鹉洲。
日暮乡关何处?烟波江上使人愁。

面对秀丽的山川,却要发抒乡关愁思,在今天看来似乎有点奇怪,不过在古代士大夫那里,却是自然而然的事情。与崔颢差不多同时的诗人王湾,从洛阳到江南漫游。当舟次今江苏镇江的北固山的时候,潮平岸阔,残夜归雁,触发了他心中的情思,吟成著名诗篇《次北固下》:

客路青山下,行舟绿水前。
潮平两岸阔,风正一帆悬。
海日生残夜,江春入旧年。
乡书何处达,归雁洛阳边。

由于崔颢和王湾是考中进士以后授官以前这段时间漫游江南，所以他们的乡思愁绪是淡而亲切的。如果长期客居他乡，乡关愁思就变得非常沉重。

东汉末年，王粲客居荆州，就洒下令人感动不已的思乡之泪。王粲，字仲宣，山阳高平（今山东邹县）人。他出身名门，聪明异常，自少出入洛阳、长安两京，深得势要者赏识，对博取功名信心十足，只因时局动荡，不得不避难荆州。当时的州牧刘表，出身太学，是士大夫中的一个有名人物，史称他"爱民养士，从容自保，关西、兖、豫学士归之者以千数"（《资治通鉴》卷六二）。王粲来到荆州，赞颂刘表"荆衡作守，时迈淳德，勋格皇穹，声被四宇"，希望得到重用。刘表也很赏识王粲的才华，曾一度打算把女儿嫁给他，只因他身材短小、其貌不扬而改变主意，转而嫁给王粲的族兄王凯。王粲对此感到很不是滋味，加上长期不得重用，不禁在《七哀诗》之二中唱起羁旅怀归的忧郁之歌："荆蛮非我方。何为久滞淫？……羁旅无终极，忧思壮难任。"

客居他乡的羁旅忧思是那样深深地刺痛诗人，难以排遣。建安十年（205年）左右，王粲在当阳县东南的麦城登上城楼，极目四望，不禁悲从中来：

登兹楼以四望兮，聊暇日以销忧。览斯宇之所处兮，实显敞而寡仇。挟清漳之通浦兮，倚曲沮之长洲。背坟衍之广陆

［明］程嘉燧《孤松高士图》

兮,临皋隰之沃流。北弥陶牧,西接昭丘。华实蔽野,黍稷盈畴。虽信美而非吾土兮,曾何足以少留!遭纷浊而迁逝兮,漫逾纪以迄今。情眷眷而怀归兮,孰忧思之可任!凭轩槛以遥望兮,向北风而开襟。平原远而极目兮,蔽荆山之高岑。路逶迤而修迥兮,川既漾而济深。悲旧乡之壅隔兮,涕横坠而弗禁。……

城楼四周,地势开阔,清澈的漳水、曲折的沮水从这里流过,北面是高起而又平坦的陆地,南面是起伏不平的沙滩,果树遍野,稻粱满田,美则美矣,却非故土,怎么能长期待下去呢?想到自己避乱此地已经十多年,诗人更是悲慨满怀,涕泪纵横,淋漓尽致地将怀念故乡的情思抒发出来,写成这篇著名的《登楼赋》。

王粲对家乡故土的深切怀念,是与他客居他乡而又不得重用的经历联系在一起的。与此相类似,如果士大夫被迫留仕异邦,即使拥有高官厚禄,也同样会产生强烈的乡关之思。庾信就是一个典型的例子。

庾信(513—581年),字子山,小字兰成,南阳新野(今河南新野县)人。他的前半生,作为文学侍从,是在梁朝度过的。他十五岁就做了昭明太子萧统的"东宫讲读",十九岁充萧纲"东宫抄撰学士"。他与他的父亲庾肩吾,以及同时任职东宫的徐摛、徐陵父子,都深得倡导"宫体诗"的萧纲的恩宠,是"宫体诗"的代表人物。不过,陶醉在美酒女色中的光景终究不会长久。太清二年(548年),侯景叛乱,兵临都城建康(今南京),武帝命庾信率兵防守朱雀航,战败。建康失陷,庾信被迫逃亡江陵,投奔萧绎。萧绎平定"侯景之乱",即位于江陵,是为元帝。元帝承圣三年(554年),庾信奉命出使西魏,抵达长安不久,西魏就攻克江陵,杀害梁元帝。庾信因此被留长安,历仕西魏、北周,官至骠骑大将军开府仪同三司,故又称"庾开府"。

庾信在北朝虽然享有高官厚禄,但他的内心十分痛苦。因为他从此永别江南;从传统道德角度看,不仅屈事二姓,且是在杀害他"旧君"的鲜卑族政权下做官,是严重的"失节"。陈文帝天嘉元年(560年),

陈朝的毛喜进陈、周和好之策，南北使命屡通，关系一度缓和，不少羁留北朝的南朝人士陆续回到南方，但庾信却不得回归。周武帝宣政元年（578年），庾信抚今追昔，感慨万端，写下著名的《哀江南赋》，以寄寓他的"乡关之思"。由于赋文很长，又多用典故，不便征引，且读一首《拟咏怀》诗，看一看他羁留不归的哀愁：

　　榆关断音信，汉使绝经过。
　　胡笳落泪曲，羌笛断肠歌。
　　纤腰减束素，别泪损横波。
　　恨心终不歇，红颜无复多。
　　枯木期填海，青山望断河。

在北朝，庾信常常闻胡笳而落泪，听羌笛而断肠。悲伤损害了他的身体健康，终日流泪使他的双目失去光彩。遥望故国山河，更是愁恨绵绵，无有尽期。只有长歌当哭，写下许多泪痕斑斑的篇什。难怪唐代大诗人杜甫在《戏为六绝句》中要说："庾信文章老更成，凌云健笔意纵横。"

说起杜甫，我们不应忘记，正是他把中国古代士大夫面对自然山水而产生的乡关之思推向了悲痛沉郁的极致。杜甫（712—770年），字子美，祖籍襄阳（今属湖北），生于河南巩县（今巩义市）。青少年时代的杜甫，生当开元盛世。他一方面勤奋求学，一方面又漫游江南、齐鲁，为仕进作准备。然而，当诗人怀着"致君尧舜上，再使风俗淳"

［元］倪瓒《容膝斋图》

[清]余集《梅下赏月图》

的政治理想在天宝年间来到长安,却因奸相李林甫和杨国忠把持朝政,嫉贤害能而不得仕进。杜甫只能困守长安,住在城南少陵附近,自称少陵野老。更为不幸的是,天宝十四年(755年),安禄山、史思明起兵叛乱,长驱南下,很快就攻陷洛阳、长安。杜甫被叛军抓获,押解到长安。目睹国破后的惨象,诗人无比悲痛:"少陵野老吞声哭,春日潜行曲江曲"(《哀江头》)。至德二年(757年),杜甫冒险从长安逃归凤翔肃宗行在,"麻鞋见天子,衣袖露两肘"(《述怀》),被肃宗任命为左拾遗。但不久就因上疏营救房琯而触怒肃宗,贬为华州司功参军。乾元二年(759年),杜甫辞去官职,经秦州、同谷逃入四川。到达成都后,在亲友的帮助下,杜甫在成都西郊盖起一所草堂安顿下来。成都尹兼剑南节度使严武是杜甫的老朋友,杜甫曾一度担任严武的节度参谋、检校工部员外郎。永泰元年(765年)四月,严武忽然病故,杜甫在成都失去凭依,不得不在五月率领家人离开草堂,乘舟东下,迁居夔州。由于夔州气候恶劣,朋友稀少,大历三年(768年)又出峡到江陵,住了半年又移居公安,年底到达岳阳。大历四年至五年,是杜甫生命的最后两年,他居无定所,往来于岳阳、衡州、宋阳之间,大部分时间都在船上度过,真是"漂泊西南天地间"。现在。让我们沿着诗人顺江而东的漂泊历程,看一看诗人漂泊他乡的乡关之悲。

永泰元年(765年),杜甫舟行经过渝州、忠州一带时,有《旅夜书怀》一诗:

细草微风岸，危樯独夜舟。
星垂平野阔，月涌大江流。
名岂文章著？官应老病休。
飘飘何所似？天地一沙鸥。

"旅夜"里，微风吹拂着江岸的细草，小船竖着高高的樯杆，在月夜里孤独地停泊着。诗人放眼四顾，但见明星低垂，平野广阔，月随波涌，大江东流，天地是这样壮阔，自己却如此孤苦伶仃，漂泊无依，落得如同天地间的一只沙鸥，岂不悲哉！

次年，杜甫流寓夔州（今重庆奉节），面对三峡的险峰激流，深沉的乡思与深重的苦闷不禁涌上心头：

玉露凋伤枫树林，巫山巫峡气萧森。
江间波浪兼天涌，塞上风云接地阴。
丛菊两开他日泪，孤舟一系故园心。
寒衣处处催刀尺，白帝城高急暮砧。（《秋兴八首》其一）

飒飒秋风中，枫树凋零，峡峰萧条，波惊浪涌，风惨云愁，天上地上，地上天上，四处都是一派阴晦萧森的景象。在这样的环境中寓居了两秋，怎能不悲伤满怀，更加怀念自己的故园！值得注意的是，杜甫心中的"故

［南宋］萧照《山腰楼观图轴》

园",不仅是他的故乡,而且是他的"故国"。《秋兴》说得很清楚:"夔府孤城落日斜,每依北斗望京华;""鱼龙寂寞秋江冷,故国平居有所思。"这"京华""故国"都是指京城长安。在杜甫那里,爱国和爱家、忧国和思乡,自然而完美地统一在一起。因此,当杜甫后来泛着一叶扁舟,漂泊在浩渺无垠的洞庭湖中,即使孤独、寂寞、年老、多病等多种折磨一齐向他袭来,他依旧是:"戎马关山隔,凭轩涕泗流。"面对万里关山,北望长安而涕泗滂沱,声泪俱下地吟出《登岳阳楼》这一首感伤个人不幸与时代艰难的千古诗篇。在思乡之情中融铸忧国之情,这正是杜甫的伟大处!

三　迁谪途中的深长悲慨

[清]颜峄《秋林书啸图》

汉代著名辞赋家司马相如早年离开家乡前往长安,在成都北门外的升仙桥(今驷马桥)的桥柱上意气风发地写下这样的豪言壮语:"不乘驷马高车,不过此桥。"这就是著名的典故"相如题柱"(《太平御览》卷七三引常璩《华阳国志》)。在当时,驷马高车乃达官贵人所乘,因此,相如题柱,明确表达了求取功名的志向。后来司马相如凭借《子虚赋》《上林赋》获得汉武帝的赏识,先拜为郎,后拜中郎将,元光五年(前130年)以后两次奉命出使巴蜀,兑现了自己的诺言。

在仕宦道路上,像司马相如这样的幸运儿不可谓不少,但这也只是问题的一方面。"福兮祸所伏",仕宦春风得意之时，往往就是遭遇打击、经受挫折之时。司马相如从巴蜀回到长安，就有人告发他出使期间受人财物，因而被免官。尽管不久又复官为郎，却使他看到了仕途的险恶，因而常常称病居闲。所以后人说："人说宦途好，元来是险途。"（朱南杰《书考》）且不说那些贪图荣华富贵而蝇营狗苟之徒遭杀身之祸，就是一门子心思要尽忠报国的仁人志士也常常受到意外的打击，被皇帝贬黜在外。从屈原、贾谊，到韩愈、柳宗元，到苏轼、辛弃疾，直到林则徐、邓廷桢，其间有多少人成为"迁谪"边远之地的"迁客"，恐怕难以统计。仅从"迁谪""迁客"成为古代士大夫们挂在嘴边的常用词汇就可以知道：对于绝大多数士大夫来说，贬官迁谪简直就是他们的家常便饭。

士大夫从京城被贬黜到边远之地，禁不住要把无限的愁苦哀怨抛洒在山程水驿之中：

　　巴山楚水凄凉地，二十三年弃置身。（刘禹锡《酬乐天扬州初逢席上见赠》）

　　一封朝奏九重天，夕贬潮阳路八千。（韩愈《左迁至蓝关示侄孙湘》）

　　一身去国六千里，万里投荒十二年。（柳宗元《别舍弟宗一》）

这些包含贬谪之地、贬谪行程、贬谪时间的著名诗句，就是极为典型的例证。

古人把官场叫作"宦海"。一旦做官，就好比跳进了风波不定的海洋，没有谁能够摆脱升降沉浮的命运。在很多情况下，渴望建功立业的士大夫往往难免被贬出朝廷，"闲置"在边远荒芜的山水之地。

在古代中国，士大夫出仕的唯一对象是朝廷，其实是皇帝。所谓"普天之下，莫非王土；率土之滨，莫非王臣。"世间的一切都属皇帝，天下所有的人都是皇帝的臣仆。皇帝拥有至高无上的权力，入仕之"臣"的一切都攥在皇帝手里。要是为臣的得不到皇帝始终如一的信任和重用，遭到贬逐就是必然命运。

屈原是战国时期楚国的政治家和大诗人。据《史记·屈原贾生列传》记载，他与楚怀王同祖，以宗亲而为左徒，起初深得怀王信任。怀王让他"造为宪令"，即主持国家政令的起草、宣布等事项。然而，与屈原同列的上官大夫心怀嫉妒，向怀王进谗言，说屈原不断夸耀其起草宪令的功劳，怀王庸懦昏聩，不加辨明，就怒疏屈原。后来怀王不听屈原忠告，前往秦国而被扣留，最后客死于秦。这时，屈原也被逐出朝廷，流放汉北地区。继位的顷襄王更加昏庸无能，令尹子兰又唆使上官大夫诽谤屈原，顷襄王就把屈原流放到江南。屈原只得离开故乡而流浪远方。正如他在《九章·涉江》中所说的那样："遵江夏以流亡"，"济江湘"，"乘鄂渚"，"邸车方林"，"乘舲上沅"，"发枉渚，宿辰阳"，"入溆浦"，辗转流离在沅、湘一带，历时大约九年。他远离故国，又无职位，对于国家、宗族之事只有悲叹而已。于是，他顺着沅江，走向长沙。要回楚都既不可能，远游求贤又行不通，无可奈何，只有"被发行吟泽畔"，将满腔忠义悲愤化为《离骚》这篇千古绝唱，最后自投于汨罗江，真是千古奇悲！

屈原投江而死一百多年后，汉初政治家、文学家贾谊被贬

［现代］傅抱石《屈子行吟图》

谪到临湘（今湖南长沙）。渡过湘水时，屈原那忧国忧民却被谗放逐的遭遇引起他的强烈共鸣，贾谊不禁满怀感慨地写下《吊屈原赋》，对屈原"遭此罔极""逢时不祥"深表哀叹。

贾谊与屈原的遭遇有相似之处。贾谊二十出头就被汉文帝任命为博士，掌管文献典籍，为王朝的咨询官。用今天的话来说，是皇帝的智囊。贾谊少年得志，意气风发，文帝下诏交付议论之事，很多老博士欲语不能，贾谊却"尽为之对"，深受器重，不到一年就被破格提拔为太中大夫，成为文帝左右掌管议论的一名高级顾问。贾谊针对当时逐渐发展起来的社会矛盾，在《论定制度兴礼乐》的上疏中，提出"定制度，兴礼乐"的设想，希望建立一整套新的礼仪和法令制度，大幅度改变汉初"无为而治"的统治状态。前元二年（前178年），汉文帝打算进一步擢升他"任公卿之位"，结果却触发朝中群臣早就蓄积于胸的不满和怨恨，他们异口同声地攻讦贾谊"专欲擅权""纷乱诸事"，汉文帝只得把他贬去做长沙王吴差的太傅。

《论语·微子》篇有言："君子之仕也，行其义也。"《季氏》篇又说，"行义以达其道"。这两句话合起来，就是士大夫做官的基本信条：尽君臣之义，行仁义之道。有志之士步入仕途，总是希望"致君尧舜""大济苍生"。然而，社会现实与士大夫理想之间往往存在着一条鸿沟。贾谊本是为了社稷的长治久安而欲有所建树，结果却被谤遭贬。同样，后世面对时弊而积极进行政治革新的仁人志士也常常遭遇同样的命运：被贬出繁华的京城，迁谪到遥远的凄凉之地。

中唐顺宗时期，面对宦官专权、豪族横行所造成的种种社会弊端，王叔文、王伾、刘禹锡、柳宗元等人在顺宗皇帝的支持下，积极进行政治革新，如贬斥贪官京兆尹李实，罢去扰民掠物的宫市，停止盐铁使用月进钱和地方官的进奉；继而又进一步筹划夺取宦官的兵权。由于这些革新直接触犯了朝中宦官和豪族官僚的既得利益，宦官和豪族大官僚便联合反攻，拥立太子李纯"监国"，逼迫体弱多病的顺宗让位。永贞元年（805年）八月五日，宪宗即位，王叔文、王伾随即被黜，参加这个革新团体的成员大都被贬为远州司马：刘禹锡贬朗州（今湖南常德）、柳宗元贬永州（今湖南零陵）、韩泰贬虔州（今江西赣县）、韩晔贬饶州（今江西鄱阳）、陈谏贬台州（今浙江临海）、凌准贬连州（今广东连州）、程异贬郴州（今湖南郴州）、韦执谊贬崖州（今海南三亚）。由于同贬为司马者共有八人，史称"八司马事件"。

　　暂且不一一描述八司马在贬谪过程中的情形，仅以柳宗元为例，就可以看出他们当时面对远山荒野是何等凄苦愁怨。柳宗元被贬谪的永州，位于湖南和广东交界处，当时人烟稀少，相当荒僻。所谓"永州于楚为最南，状与越相类"，"涉野有蝮虺、大蜂，仰空视地，寸步劳倦。近水即畏射工、沙虱，含怒窃发，中人形影，动成疮痏"（柳宗元《与李翰林建书》），十分可怕。元和十一年（816年）柳宗元再贬柳州，他异常沉痛地总结："一生去国六千里，万死投荒十二年。"（《别舍弟宗一》）在"投迹山水地"期间，他"放情咏《离骚》"，在看似闲适淡泊的山水诗文中抒发遭受迫害的悲愤心情，表露怀才不遇的寂寞苦闷：

[宋]　马远《寒江独钓图》

　　　千山鸟飞绝，万径人踪灭。
　　　孤舟蓑笠翁，独钓寒江雪。（《江雪》）

　　《江雪》这首绝句所呈现出来的画面是那茫茫大雪，不仅笼罩千山万径，而且也笼罩静静的寒江，多么幽僻冷清，不带一点人间烟火气息。而那象征着诗人自己的渔翁垂钓寒江，固然清高而孤寂，可外部环境的压力又是多么令人孤独郁闷啊！

莫说力图对不良的现实政治进行革新的士大夫常遭打击，就是在不触动现实政治体制的情况下，谏诤皇帝，关心民间疾苦，真正施行仁政的士大夫，也难免迁谪蛮荒的命运。

元和十四年（819年），宪宗派宦官与和尚从凤翔法门寺护国真身塔内将所谓释迦文佛指骨一节，迎到长安宫廷供奉，三天后又送长安各寺庙巡展，一时间王公士庶，奔走膜拜。韩愈对此深恶痛绝，上《论佛骨表》，竭力谏阻，触怒宪宗，贬为潮州（今广东潮州）刺史。在贬谪途中，行至蓝田，写下诗篇《左迁至蓝关示侄孙湘》抒发自己的满腔悲愤：

> 一封朝奏九重天，夕贬潮阳路八千。
> 欲为圣朝除弊事，肯将衰朽惜残年。
> 云横秦岭家何在？雪拥蓝关马不前。
> 知汝远来应有意，好收吾骨瘴江边。

韩愈本是为了替皇帝革除时弊，才不惜性命，直言书谏，现在却落得个"朝奏""夕贬"的命运，而且一贬就贬到极其遥远的潮州。面对"云横秦岭""雪拥蓝关"的满天迷蒙和搅空风雪，诗人更感到远贬他乡、前途难卜，因而满怀惨痛地对前来送行的侄孙韩湘交代后事：你准备好到潮州去收拾我的骨头吧。尽管后来韩愈并未死在贬所，但贬谪途中的满怀悲慨显然异常沉重。

封建时代，不仅像屈原、贾谊、韩愈、柳宗元这样奋励有当世志、力图有所作为的官僚士大夫被迁谪到环境险恶的地方，就是恪尽职守、规规矩矩、老老实实地做分内之事的士大夫，也难免遭遇意外的打击而被贬谪他乡。元祐三年（1088年），北宋词人秦观参加由皇帝亲自主持的制科考试，进三十篇策论，对现实政治提出许多具体建议，从此先后被任命为宣教郎、太学博士、秘书省正字及国史院编修。名为馆阁官员，其实也不过做些校正秘书省书籍和修撰史书的文字工作。绍圣元年（1094年），政治态度并不鲜明的秦观只因与苏轼兄弟关系密切，就被视为元祐旧党人物而屡遭贬谪，先是出为杭州通判，继而贬监处州（今浙江丽水县）酒税。绍圣三年（1096年），又被降级徙放到郴州（今湖南郴州）。四年，又贬横州（今广西横县）。接二连三的贬谪，使秦观在贬谪途中洒下斑斑点点的伤心之泪。同年十月，在贬往郴州途中经武昌黄鹤楼，词人在《钗头凤·别武昌》中凄楚地歌吟：

临丹壑，凭高阁，闲吹玉笛招黄鹤。空江暮，重回顾，一洲烟草，满川云树。住、住、住！江风作，波涛恶，汀兰寂寞岩花落。长亭路，尘如雾，青山虽好，朱颜难驻。去、去、去！

[五代] 李成《读碑窠石图》

面对隐约于暮霭中的萋萋芳草，辉映在晚霞下的满川霜叶，秦观频频回首，真不忍离去，但贬谪的命运又使他不得不踏上征程。而那波涛汹涌的长江，与那凄迷如雾的去路，似乎预示着不祥之感。一种去国怀乡、忧谗畏讥相交织的情怀萦绕在心，令词人痛苦不堪。秦观的忧虑并非多余，到达郴州的第二年，他又被贬到横州（今广西横县）。在离开郴州前，面对这里的山水吟出了更为凄苦迷茫的《踏莎行》一词：

雾失楼台，月迷津渡。桃源望断无寻处。可堪孤馆闭春寒，杜鹃声里斜阳暮。　驿寄梅花，鱼传尺素。砌成此恨无重数。郴江幸自绕郴山，为谁流下潇湘去。

郴州的春夜，楼台消失在迷雾之中，渡头隐没在朦胧的月色里。词人虽然向往郴州以北的武陵仙境，却不得不住"孤馆"，感"春寒"，闻"鹃声"，望"斜阳"，加上来自远方友人寄赠的梅花和书信，真令人感到"砌成此恨无重数"。他禁不住失望地问道：这郴江之水本来是绕着郴山而流的，为什么又偏偏要流向潇湘之水呢？

到这里，尽管还远远没有把士大夫各式各样的离忧感慨一一写出，但我们已经分明感到抛洒在山水景物中的去国怀乡之愁压得人透不过气来。纵观历史，这种愁思恨缕真是太多太深太沉，真是"怎一个愁字了得"！

四　一丘一壑也风流：仕宦失意时的追求

别离之恨，思乡之愁，迁谪之悲，在不得志的士大夫身上往往深深地交织在一起。面对如此浓郁沉重的情感，倘若不寻求解脱，真是难以承受。到哪里去寻求解脱呢？不同的人自然有不同的解脱之道，但浮沉于宦海的士大夫有一种共同的解脱方式，那就是投入大自然的怀抱，在山水泉石的流连中抚平内心的伤痛。

南朝著名画家宗炳说过："山水以形媚道。"这个"道"不是别的，就是"真谛"，是宇宙、人生、社会的

［宋］马和之《古木流泉》

真谛。总是希望"致君尧舜""大济苍生"的士大夫，在遭遇挫折的时候，内心深处不免要追问一句："这究竟是为了什么？"这一追问也就是探寻宇宙人生、社会的真谛。既然山水以其特有的形态体现了这种真谛，为什么不到山水中去探寻呢？

元和四年（809年）九月二十八日，柳宗元在永州法华寺游览，向西山眺望，发现西山胜景。他渡过湘江，登上西山顶峰，饱览山峦秀色，写下《始得西山宴游记》来记述这次游览。游西山后第八天，柳宗元和他的朋友李深源、元克己，在西山的西部发现在《钴鉧潭记》中所写的钴鉧潭。不久，柳宗元又在钴鉧潭西不到数十步的万绿丛中发现小丘，作《钴鉧潭西小丘记》。此后没几天，柳宗元又和他的朋友吴武陵、龚古，以及他的弟弟宗玄，带着两个外甥恕己和奉壹，一起游西山，在钴鉧潭西小丘的西边又发现了小石潭，柳宗元为此写下《至小丘西小石潭记》。元和七年（812年）十月十九日，柳宗元从西山朝阳岩（今零陵西潇江水边）东南坐船到芜江，在袁家渴一带游览。随后写成《袁家渴记》《石渠记》《石涧记》《小石城山记》四篇游记。这四篇游记连同三年前的四篇，在文学史上被总称为"永州八记"。

[明] 陈继儒《云山幽趣图》

柳宗元为什么这样喜欢游山玩水呢？答案在"永州八记"的第一篇《始得西山宴游记》中：

自余为僇人，居是州，恒惴栗。其隙也，则施施而行，漫漫而游，日与其徒上高山，入深林，穷回谿，幽泉怪石，无远不到。到则披草而坐，倾壶而醉；醉则更相枕以卧。卧而梦，意有所极，梦亦同趣；觉而起，起而归；以为凡是州之山水有异态者，皆我有也，而未始知西山之怪特。今年九月二十八日，因坐法华西亭，望西山，始指异之。遂命仆人过湘江，缘染溪，斫榛莽，焚茅茷，穷山之高而止。攀援而登，箕踞而遨，则凡数州之土壤，皆在衽席之下。其高下之势，岈然洼然，若垤若穴，尺寸千里，攒蹙累积，莫得遁隐；萦青缭白，外与天际，四望如一。然后知是山之特立，不与培塿为类。悠悠乎与颢气俱，而莫得其涯；洋洋乎与造物者游，而不知其所穷。引觞满酌，颓然就醉，不知日之入。苍然暮色，自远而至，至无所见，而犹不欲归。心凝形释，与万化冥合。然后知吾向之未始游，游于是乎始。故为之文以志。

［清］王鉴《青绿山水图》（局部）

　　游记写得非常美，被认为是"文家绝境"。在游西山以前，柳宗元有空就漫悠悠地游山玩水。尽管是随兴而至，但只要是奇山异水，就前往游览。饱览了景色就尽情喝酒，不惜陶然大醉，进入梦乡，待梦醒之后才回去。如此漫游，可以说已经相当洒脱了。而柳宗元却认为这并不是真正的游览。真正的游览是从游西山才开始的。为什么呢？原来，柳宗元从西山异常独特、卓然而立的特性中领悟到自己特立独行的品格，感到自己存在的价值，完全不必同朝中小人计较。感悟到这一点，也就从是非得失中超脱出来，身心都与天地之气合而为一，与造物者一块儿游动，达到一种物我两忘、绝对自适的境界。在这种境界中，哪里还有什么抑郁不快或是愤懑不平呢？

不熟悉中国古代庄禅哲学的读者，一定会觉得这番诠释有点"玄"。不过，佳山胜水能够开阔心胸，荡涤烦恼，消除苦闷，却是毫无疑问的。唯其如此，不仅贬居永州的柳宗元能够以游山玩水作为一种精神解脱的武器，就是屡经迁谪而且被贬到更为遥远之地的苏轼也能旷达地面对山水，面对生活。苏轼的一生，历尽宦海浮沉，对于自己既不见容于元丰，又不得志于元祐，更受摧折于绍圣的悲剧命运，苏轼怎样

［金］武元直《赤壁夜游图》（局部）

对待呢？元丰五年（1082年），苏轼在《前赤壁赋》中写道：

> 苏子曰："客亦知夫水与月乎？逝者如斯，而未尝往也；盈虚者如彼，而卒莫消长也。盖将自其变者而观之，则天地曾不能以一瞬；自其不变者而观之，则物与我皆无尽也。而又何羡乎？且夫天地之间，物各有主，苟非吾之所有，虽一毫而莫取。唯江上之清风，与山间之明月，耳得之而为声，目遇之而成色，取之无禁，用之不竭，是造物者之无尽藏也，而吾与子之所共适。"

在苏轼看来，人生之得与失都是相对的，因而最好有一种超旷达观的襟怀。如果能够超然"游于物之外"，自可"无所往而不乐"（《超然台记》）。拥抱大自然，在江水山林、清风明月中享有人生，则是最高的境界、最美的享受。因此，不管被贬谪到哪里，苏轼都能够潇潇洒洒地生活。元丰五年（1082年）春，谪居黄州的苏轼有一次道中遇雨，同行的人都狼狈不堪，他却漫步在风雨之中，是那么悠闲自如，坦荡旷达，超尘绝世：

> 莫听穿林打叶声，何妨吟啸且徐行。竹杖芒鞋轻胜马，谁怕？一蓑烟雨任平生。
> 料峭春风吹酒醒，微冷，山头斜阳却相近。回首向来萧瑟处，也无风雨也无晴。（《定风波》）

正是那种"一蓑烟雨任平生"的洒脱态度，使苏轼能够在"垂老投荒，无复生还之望"的情况下，也能在最遥远的海南"久安儋耳陋，日与雕题亲"，在壮丽的山水景色中享受旷达的人生。诗人晚年那"九死南荒吾不恨，兹游奇绝冠平生"（《六月二十日夜渡海》）的表白，就充分表达了这样的情怀。

如果不是像柳宗元、苏东坡那样被贬斥在荒山野水，而只是居家赋闲,那么,不得志的士大夫就能够更加悠游自在地陶醉在山川风物之中。辛弃疾本来是南宋中叶的爱国志士,一生以北伐中原、收复失地、光复神州为己任。然而南宋朝廷却偏安江南,不思进取。从淳熙九年(1182年)开始,四十三岁的辛弃疾只好赋闲在家,中间除绍熙三年至五年(1192—1194年)一度被起用外,前后十八年一直退居江西上饶城外的带湖和铅山期思渡旁的瓢泉。带湖和瓢泉,都是山清水秀的好地方。带湖的风光,他格外喜爱:"一松一竹真朋友,山鸟山花好弟兄"(《鹧鸪天》);瓢泉的山水,他倍觉亲切:"青山意气峥嵘,似为我归来妩媚生"(《沁园春·再到期思卜筑》)。因此,不论是在带湖还是在瓢泉,自号稼轩居士的辛弃疾,都能在山水风光、松窗竹户中潇潇洒洒地享受生活的乐趣:

千峰云起,骤雨一霎儿价。更远树斜阳风景,怎生图画!青旗卖酒,山那畔别有人家。只消在山水光中,无事过者(这)一夏。　午醉醒时,松窗竹户,万般潇洒。野鸟飞来,又是一般闲暇。却怪白鸥,觑着人欲下未下。旧盟都在,新来莫是,别有说话?

这首题为《丑奴儿近·博山道中效李易安体》的词,是辛弃疾闲居上饶带湖期间的作品。词人往来在博山道中,望见雨后斜阳和山家酒

[宋]乔仲常《后赤壁赋图》(局部)

店的如画景物,心情舒畅,真想留在这里避暑消夏。试想,山那边有酒家可供酒喝,醉后午眠醒来,可以欣赏屋外掩映窗棂的松竹,该多有趣?还有那飞来的野鸟相伴,又增添几多闲情逸致?不过,在仕宦生涯中遭到贬谪或被迫投闲士大夫的悠游山水、赏爱泉石,与隐逸之士的栖处山林是很不相同的。他们在山水泉石中寻求解脱,而内心深处的痛苦却依旧难以排遣。辛弃疾正感到适意,看到眼前那欲下未下的白鸥,又不免勾起无端的心事。原来,他曾与白鸥订过盟约:"凡我同盟鸥鹭,今日既盟之后,来往莫相猜。"(《水调歌头·盟鸥》)现在白鸥"觑看人欲下未下",莫非已猜透了自己不甘退隐的机心?这一打趣,其实正是内心并不平静的流露。后来词人在《鹧鸪天·鹅湖归病起作》中把这种不甘退隐的心情表达得更明显:"书咄咄,且休休,一丘一壑也风流。"表面上似乎很洒脱,一丘一壑也风流,何必一定要用事呢?实则借古人——晋代的殷浩和唐代的司空图,表达自己纵情山水的无奈情绪。殷浩罢职后,常向空书划"咄咄怪事"四个字,表现胸中的不平之气。司空图生当天下动乱之际,退隐王官谷,不得已筑"休休亭"以求山水之乐。可见,所谓"一丘一壑也风流",实在是没有办法的办法,不得已而为之!

对此,柳宗元说得十分明白。柳宗元被贬到永州,他的一位朋友很同情他,专门从京城长安赶到永州来表示慰问。在永州,这位朋友看到柳宗元登临山水有一种悠闲自得的神情,就把慰问改

[明]董其昌《仿古山水图》

说成道贺。柳宗元对此颇有感触，写了一篇《对贺者》，认为那位朋友并不了解他："子诚以浩浩而贺我，其孰承之乎？嘻笑之怒，甚乎裂眦；长歌之哀，过乎恸哭。庸讵知吾之浩浩非戚戚之尤者乎！"这话的意思是说，你哪里懂得我这样悠然自得不是最最悲伤呢？

唯其如此，柳宗元、辛弃疾在啸傲山水之时，自然把仕进者的种种情思，个人的牢骚，伤时的忧愤，爱国的悲慨，都一一寓于诗文之中。更为重要的是，他们并未忘却现实，并未泯灭理想。只要条件允许，他们总是做一些力所能及而又造福于民的事情。苏东坡贬官儋州期间，积极向当地百姓传播文化知识，劝导人们重视农业，赢得当地百姓的爱戴。只要有机会，他们总是不忘东山再起。嘉泰三年（1203年），辛弃疾在六十四岁时被起用，就以饱满的战斗激情投入筹边备战的工作，到前线军事重镇镇江准备北伐，体现出一个老英雄的本色。

第七章
浩歌慷慨山河颂

从社会的角度来审视山水泉石,我们就会发现,无论大江南北,长城内外,一山一水之中都凝聚着炎黄子孙深沉而博大、崇高而神圣的情感——热爱祖国。这是因为,河岳山川不仅是人们游赏的对象、憩息的环境,而且是民族生衍的根基,是国家赖以存在的领土。古往今来,多少人为了捍卫祖国的山河而奔赴疆场,远戍边关;多少人为了维护国家领土的完整而壮怀激烈,转战南北;多少人为了神州大地免遭沉沦而慷慨悲歌,浴血奋斗!正是仁人志士的这种大仁大义、大智大勇,才使神州大地的锦绣山河如此多娇。

一 戍守边关,捍卫壮丽河山

在中国社会的历史发展进程中,汉朝和唐朝连称"汉唐"。之所以把相距数百年的两个朝代连在一起,是因为这两个朝代是中国历史上的"盛世":国家统一,军事强大,经济发达,文化繁荣。然而,"盛世"并不意味着天下太平无事。无论汉代还是唐代,塞外朔漠都存在着不安定的因素。汉朝有北方匈奴的侵袭,唐朝面临突厥、吐蕃的骚扰。因此,边塞战争总是时断时续。打仗本来是军人的天职,然而在汉唐那样强盛的时代,文人学士对于从军边塞也充满热切的向往,希望奔赴边塞去建功立业,报效祖国。

汉明帝永平五年(62年),东汉官府里正在忙忙碌碌地抄写文书的一个英俊青年突然拍案而起,把笔投到地上,叹息道:"大丈夫无他志略,犹当效傅介子、张骞立功异域以取封侯,安能久事笔砚间乎!"(《东观汉记·班超传》)

[明] 刘俊《汉殿论功图》

他,就是留下"投笔从戎"这个典故的班超。

班超(32—102年),字仲升,扶风郡平陵县(今陕西咸阳东北)人。他出身于书香门第,父亲班彪、哥哥班固、妹妹班昭都是著名的史学家。但是班超不愿长久从事文字工作,决心效法刺杀在边疆作乱的楼兰王的傅介子,开拓"丝绸之路"而通西域的张骞,到边塞去建功立业。永平十六年(73年),班超跟随奉军都尉窦固出征匈奴,随后奉命率吏士三十六人出使西域。到达西域南北路的起点鄯善国(在今新疆若羌一带)等地之后,班超巧妙攻杀了匈奴派驻鄯善、于阗(在今新疆和田一带)的人员,又废除了亲附匈奴的疏勒王,巩固了汉朝在西域的统治。此后,班超长期坚守西域,经过长期机智巧妙的外交周旋和艰苦卓绝的英勇战斗,成功地使西域鄯善、于阗等大小五十余国脱离匈奴的控制,归顺汉朝,保证了河西走廊上"丝绸之路"的畅通。永元三年(91年),班超被任命为西域都护,七年又被封为定远侯,实现了"封侯万里"的壮志理想。

班超"投笔从戎"而"封侯万里"的人生道路,为后世文人树立了一个光辉的榜样。到唐代,文人学士也发出"嗟为刀笔吏,耻为绳墨牵"(骆宾王《叙寄员半千》)的感叹,认为"宁为百夫长,胜作一书生"(杨炯《从军行》),相信"功名只合马上取"(岑参《送李副使赴碛西官军》)。于是,不少文人学士纷纷从军。

垂拱二年(686年),西北边陲的同罗、仆固等诸部叛乱,陈子昂随左补阙乔知之出征,到达西北居延海、张掖河一带;

[五代] 胡瓌《卓歇图》

万岁通天元年（696年），契丹李尽忠、孙万荣叛乱，陈子昂随建安王武攸宜大军出征，参谋军事，到达东北边陲；

开元十五年（727年）前后，王昌龄赴西北边塞，到过萧关、临洮、碎叶等地，亲历战场；

天宝八年（749年），岑参赴安西（今新疆吐鲁番市西二十里），充任安西四镇节度使高仙芝幕府掌书记；

天宝十二年（753年），河西节度使哥舒翰收复河西九曲之地，高适赴河西，充任哥舒翰幕府掌书记；

天宝十三年（754年），岑参第二次出塞，随安西四镇节度使封常清去西北边陲，在封常清幕府中充任安西北庭节度判官；

建中元年（780年），李益进入朔方（治所今宁夏灵武）节度使崔宁的幕府，随崔宁"巡行朔野"，开始五次从军的戎旅生涯。

当文人学士走出都市，走出书斋，奔赴辽阔的边塞，祖国河山那壮丽的景色就把他们深深地感动了。于是，他们放开喉咙，歌唱塞北朔漠的雄浑与壮美。

开元二十五年（737年）三月，河西节度副大使崔希逸交战吐蕃获胜。这年秋天，身为监察御使的王维奉命前去劳军。在离开长安前往凉州（今甘肃武威，时为河西节度使驻地）的途中，看到那长空雁影、大漠孤烟、长河（黄河）落日等壮丽风光，又从骑兵前哨那里得知我方军队新近获胜的喜讯，心中充满了惊奇与喜悦，不觉爽朗豪迈地写下《使至塞上》：

［明］张宏《青绿山水图》

> 单车欲问边，属国过居延。
> 征蓬出汉塞，归雁入胡天。
> 大漠孤烟直，长河落日圆。
> 萧关逢候骑，都护在燕然。

诗中"大漠孤烟直，长河落日圆"一联，历来为人所盛赞，绝非偶然。这开阔雄健的诗句，不仅勾勒出沙漠上无边的壮丽景色，显示神州山河的广阔无垠，而且也有力地表现了诗人对它的强烈赞叹，以及因它而变得无限开阔的胸襟。无论风貌气度，都是盛唐时代从军边塞的士大夫的典型感受。

王维《使至塞上》所写，还是河西走廊所见的山河景色。真正的西北边陲具有什么样的景象？请看安西北庭节度判官岑参的描写：

> 北风卷地白草折，胡天八月即飞雪。
> 忽如一夜春风来，千树万树梨花开。
> 散入珠帘湿罗幕，狐裘不暖锦衾薄。
> 将军角弓不得控，都护铁衣冷难着。
> 瀚海阑干百丈冰，愁云惨淡万里凝。
> 中军置酒饮归客，胡琴琵琶与羌笛。
> 纷纷暮雪下辕门，风掣红旗冻不翻。
> 轮台东门送君去，去时雪满天山路。
> 山回路转不见君，雪上空留马行处。
> （《白雪歌送武判官归京》）

这是一首送别朋友的诗作。暂且不论诗人的惜别情谊，只论其中的塞外河山，的确令人惊喜不已：才到八月间，那里就是北风卷地，百草断折；大雪漫天飞舞，积压在冬

[清] 华嵒《天山积雪图》

天的树枝上,仿佛南国早春的千万树梨花花团锦簇,怎能不让人惊讶万分?广袤的沙漠,更是冰雪遍地,雪满天山;辽阔的天空,则是雪压冬云,浓重稠密。放眼望去,到处都是一派风掣雪飞的世界。"江山如此多娇",怎能不激发戍边将士报效国家的壮志豪情,又怎能不激发从军边塞的诗人为之放声高歌?

青海长云暗雪山,孤城遥望玉门关。
黄沙百战穿金甲,不破楼兰终不还。(王昌龄《从军行》七首之四)

伏波唯愿裹尸还,定远何须生入关。
莫遣只轮归海窟,仍留一箭定天山。(李益《塞下曲》)

汉家旌旗满阴山,不遣胡儿匹马还。
愿得此身长报国,何须生入玉门关。(戴叔伦《塞下曲》)

正是由于广大将士具有这种壮怀激烈、誓死报国的英雄主义精神,他们才敢于面对险恶的环境和酷烈的战争,在前线英勇拼杀,使祖国的壮丽河山不受外敌的侵凌。

当秋高马肥、匈奴发动战争的时候,驻守边疆的将士无所畏惧地出征了:

君不见走马川,雪海边,
平沙莽莽黄入天。
轮台九月风夜吼,一川

[北宋] 许道宁《关山密雪图》

碎石大如斗，随风满地石乱走。
　　匈奴草黄马正肥，金山西见烟尘飞，汉家大将西出师。
　　将军金甲夜不脱，半夜军行戈相拨，风头如刀面如割。
　　马毛带雪汗气蒸，五花连钱旋作冰，幕中草檄砚水凝。
　　虏骑闻之应胆慑，料知短兵不敢接，车师西门伫献捷。
（岑参《走马川行奉送封大夫出师西征》）

行军途中，但见平沙接天，秋风夜嚎，斗大的碎石竟然随风乱转，环境是多么惊险！但是，出征将士丝毫也没有畏惧、没有退缩："将军金甲夜不脱"，率先垂范，以身作则；战士"半夜行军戈相拨"，衔枚疾走，军容整严。他们是如此斗志昂扬、顽强英勇地开赴前线，杀敌报国：

　　轮台城头夜吹角，轮台城北旄头落。
　　羽书昨夜过渠黎，单于已在金山西。
　　戍楼西望烟尘黑，汉兵屯在轮台北。
　　上将拥旄西出征，平明吹笛大军行。
　　四边伐鼓雪海涌，三军大呼阴山动。
　　虏塞兵气连云屯，战场白骨缠草根。
　　剑河风急雪片阔，沙口石冻马蹄脱。
　　亚相勤王甘辛苦，誓将报主静边尘。
　　古来青史谁不见，今见功名胜古人。（岑参《轮台歌奉送封大夫出师西征》）

战斗一旦打响，将士们就以所向无敌的英雄气概奋力向前，声威是那样势不可当，仿佛冰冻的雪海也为之汹涌，巍巍阴山亦为之摇撼。然而，战斗并非势如破竹，因为"虏塞兵气连云屯，"敌人的兵力异常强大。经过一场刀光剑影的激烈厮杀，"战场白骨缠草根"，伤亡之惨重让人触目惊心！然而，面对巨大的牺牲，以及风急雪大、天寒地冻的险恶环境,将士们为了"誓将报主静边尘"的信念,仍然不辞千辛万苦,不惜流血牺牲,用血肉之躯筑起一道坚不可摧的"边塞长城"。

　　当然,并非所有的戍边将领都像岑参所写的封常清那样"勤王甘辛苦",有的将领骄傲轻敌、荒淫失职,给广大士兵带来极大的痛苦和牺牲。因此,诗人一方面讴歌从军的豪迈,一方面也直面戍边的惨淡:

　　　　汉家烟尘在东北,汉将辞家破残贼。
　　　　男儿本自重横行,天子非常赐颜色。
　　　　摐金伐鼓下榆关,旌旗逶迤碣石间。
　　　　校尉羽书飞瀚海,单于猎火照狼山。
　　　　山川萧条极边土,胡骑凭陵杂风雨。
　　　　战士军前半死生,美人帐下犹歌舞!
　　　　大漠穷秋塞草腓,孤城落日斗兵稀。
　　　　身当恩遇常轻敌,力尽关山未解围。
　　　　铁衣远戍辛勤久,玉箸应啼别离后。
　　　　少妇城南欲断肠,征人蓟北空回首。
　　　　边庭飘飘那可度,绝域苍茫何所有!
　　　　杀气三时作阵云,寒声一夜传刁斗。
　　　　相看白刃血纷纷,死节从来岂顾勋?
　　　　君不见沙场征战苦,至今犹忆李将军。(高适《燕歌行》)

〔清〕 陈卓《石城图》

[五代] 李赞华《东丹王出行图》

开元二十一年（733年），幽州节度使张守珪经略边事，初有战功。开元二十四年（736年），张守珪让平卢讨击节度使安禄山讨伐奚、契丹，安禄山恃勇轻进，反被打败。开元二十六年（738年），幽州守将赵堪、一白真陀罗矫张守珪之命，逼迫平卢军使乌知义出兵攻打奚、契丹，先胜反败。"守珪隐其状，而妄奏克获之功"（《旧唐书·张守珪传》）。高适对这两次战争，感慨很深，把荒凉绝漠的自然环境，如火如荼的战斗气氛，士兵在战斗中复杂变化的内心活动，戍边将领的骄傲轻敌、荒淫失职，以及诗人自己强烈的爱憎感情合在一起，错综交织，写成这首雄浑深广、悲壮激昂的诗篇。

总体上，初盛唐时代的士大夫对于从军边塞、立功异域，不曾有过动摇。在写下这首《燕歌行》十五年后，高适虽然明知"沙场征战苦"，还是怀抱着"王程应未尽，且莫顾刀镮"（《入昌松东界山行》）的爱国主义精神，在天宝十二年（753年）奔赴疆场，进入河西节度使哥舒翰幕府，任翰府掌书记。随后在血与火的锻炼中，高适成长为一位著名的将领，先为淮南节度使，后为剑南西川节度使，"以诗人为戎帅"（《旧唐书·高适传》），充分实现了唐代边塞诗人立功疆场的宏大抱负。

二　山河破碎，志士悲伤

汉唐时代的士大夫壮怀激烈地奔赴边塞，谱写了声宏气壮、痛快淋漓的山河颂歌，不愧是炎黄子孙的骄傲。遗憾的是，中国历史上像汉唐

［宋］王希孟《千里江山图》

这样的强盛时代相当短暂。汉代以后，是魏晋南北朝长达数百年的动荡与分裂。唐代安史之乱以后，古代中国在政治和军事上就开始走下坡路。北宋"积贫积弱"，南宋偏安江南，元代是蒙古族统治，明代虽一度振起，但腐败的政治很快又把江山葬送，清代前期颇为昌盛，奈何后期腐败无能，惨败在洋枪洋炮之下，把好端端的赤县神州弄成半封建半殖民地！因此，文人学士对山水泉石的咏叹，不少时候是与动荡不安甚至是山河破碎的现实联系在一起的。

唐玄宗天宝十四年（755年）冬，平卢、范阳、河东三镇节度使安禄山以诛杨国忠为名，在范阳（今北京）起兵叛乱。次年一月，叛军很快攻下洛阳，安禄山自称"大燕皇帝"，接着攻下潼关，直取长安。做了几十年太平天子的唐玄宗仓皇逃往四川，他的儿子李亨在灵武（今属宁夏）即位，是为肃宗。这时，杜甫一家在战乱中辗转流亡到了鄜州。听到这个消息，杜甫把复兴社稷的希望寄托在新的朝廷，于八月只身北上投奔肃宗，以便献身重整山河的事业。不料中途被叛军捉住，送到已经沦陷的长安。从秋到冬，从冬到春，诗人痛心疾首，怀着对国家命运的焦虑，对人民苦难的关注，以及对沦陷区亲人的担心和思念，写下《春望》这一千古名篇：

    国破山河在，城春草木深。
    感时花溅泪，恨别鸟惊心。
    烽火连三月，家书抵万金。
    白头搔更短，浑欲不胜簪。

杜甫因官职卑微而未被囚禁，故而在春天尚可眺望。山峰依然矗立，河水依然流淌，然而国都沦陷，城池残破，人烟断绝，一派荒凉。江山易主，物是人非，加上抛妻别子，音信不通，诗人自然触目伤怀，痛伤战乱与别离。

宋高宗建炎三年（1129年），金兵大举南侵，攻入扬州，不久烧城北撤，居民十万余人，一部分死于江中，余皆被掳；绍兴三十一年（1161年），金人十万铁骑入城，大规模掳掠，繁华富庶的扬州疮痍满目。在扬州第二次遭劫十六年后，即宋孝宗淳熙三年（1176年），二十二岁的姜夔从汉阳出发，沿江而下，漫游大江南北，目睹扬州荒芜不堪的景象，不禁悲慨满怀，写下著名的《扬州慢》词：

淮左名都，竹西佳处，解鞍少驻初程。过春风十里，尽荠麦青青。自胡马窥江去后，废池乔木，犹厌言兵。渐黄昏，清角吹寒，都在空城。　　杜郎俊赏，算而今，重到须惊。纵豆蔻词工，青楼梦好，难赋深情。二十四桥仍在，波心荡，冷月

[宋] 马和之《出车图》

无声。念桥边红药，年年知为谁生！

这是一首在当时即被誉"有《黍离》之悲"的词，尽管写得非常含蓄，国破家亡的悲伤仍然力透纸背。昔日那"春风十里扬州路"（杜牧《赠别》），而今却全然是一片青青荠麦，就连那残破的城池和凋零的大树也都厌恶战争。黄昏时分，凄清的号角阵阵传来，更使扬州古城显得格外寒冷。二十四桥下的水波，荡漾着无声而惨白的冷月，更让人不寒而栗！面对这番"四顾萧条，寒水自碧"的残破江山，词人无比痛心：纵然是那风流俊赏、"豆蔻词工"的杜牧重到扬州，也定然会惊讶于河山之异。

北宋靖康年间（1126—1127年）金人进犯中原，杀入都城开封，掳走徽、钦二宗，赵构逃到南方建立偏安政权，结果使淮河以北为金人占领，淮河也就成为宋金对峙的分界线。南宋绍熙元年（1190年），杨万里奉宋光宗之命去迎接金国派来的"贺正使"，乘船从洪泽湖进入淮河，垂视如故的流水，凝视咫尺的天涯，禁不住吟出这样的绝句：

船离洪泽岸头沙，人到淮河意不佳。
何必桑干方是远，中流以北即天涯。（《初入淮河四绝句》其一）

杨万里为什么一进入淮河就感到不是滋味呢？原来，淮河本是中原大地的一条河流，现在却成为宋金两国的边界线，淮河以北的大片河山都被金人占领，丧失国土的耻辱，偏安半壁的愤慨，使诗人发出了这样的悲叹：何必认为北方的永定河才遥远？淮河以北就

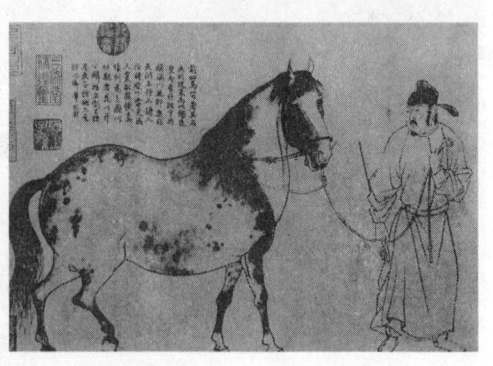

［宋］李公麟《五马图》（局部）

是可望而不可即的另一世界啊!

大宋王朝为什么会变得山河破碎?根本原因就是统治者腐败无能,屈膝投降。早在绍兴十年(1140年)五月,金军兵分四路,大举进攻南宋,前方将士奋力抵抗,刘绮、岳飞、韩世忠在中原地区屡败金兵,形势本来对南宋有利可图,朝廷却在主和派的控制下命令撤兵,并解除了一些主战将领的兵权。这样,收复的失地复失,淮河至大散关以北的大片土地完全被金人占领。这年秋天,身为川陕安抚制置使(治所在今陕西汉中市)的胡世将感慨万端,写下《酹江月·神州沉陆》词:

> 神州沉陆,问谁是,一范一韩人物。北望长安应不见,抛却关西半壁。塞马晨嘶,胡笳夕引,赢得头如雪。三秦往事,只数汉家三杰。 试看百二山河,奈君门万里,六师不发。阃外何人,回首处,铁骑千群都灭。拜将台敲,怀贤阁杳,空指冲冠发。栏干拍遍,独对中天明月。

胡世将是绍兴八年(1138年)正月来到陕西汉中担任川陕安抚制置使的。绍兴十年(1140年),金兵进攻陕西汉中、长安时,曾与吴璘协力迎战,打了一些胜仗。但是南宋朝廷却下令撤兵:"君门万里,六师不发",以至于中原大地和函谷关以西的半壁河山惨遭沦丧,作为边防将领的胡世将怎能不痛心疾首?

隆兴元年(1163年),主战派将领张浚北伐不力,兵败符离,主和派重新得势,与金朝通使议和。对此,当时身为建康留守的张孝祥在《六州歌头》中慷慨悲歌:

[唐]韩幹《牧马图》

长淮望断,关塞莽然平。征尘暗,霜风劲,悄边声,黯销凝!追想当年事,殆天数,非人力。洙泗上,弦歌地,亦膻腥。隔水毡乡,落日牛羊下,区脱纵横。看名王宵猎,骑火一川明,笳鼓悲鸣,遣入惊。　　念腰间箭,匣中剑,空埃蠹,竟何成!时易失,心徒壮,岁将零,渺神京。干羽方怀远,静烽燧,且休兵。冠盖使,纷驰骛,若为情?闻道中原遗老,常南望,翠葆霓旌。使行人到此,忠愤气填膺,有泪如倾。

淮河一带,本是南宋御敌的前线,现在却草木乱长,漫及边关,冷风劲吹,烟尘晦暗,呈现出一派守备废弛的凄凉景象,是多么令人悲愤。而淮河对岸的敌占区却跟我们这边的松懈荒废截然相反:夕阳映照着牛羊归圈,显得那么悠然自在;营垒交错纵横,其进攻气势触目可见。每当夜晚,还举行大规模的军事演习,骑兵的火把照亮山川,笳鼓的声响凄厉刺耳,令人心惊胆战。南宋朝廷的战备废弛,不思北伐,使陷落在金人铁蹄下的中原父老忍受着巨大的苦难,他们时刻盼望南宋朝廷去拯救他们,可是结果如何呢?张孝祥这里没有写明,爱国诗人陆游却作出无比痛心的回答:

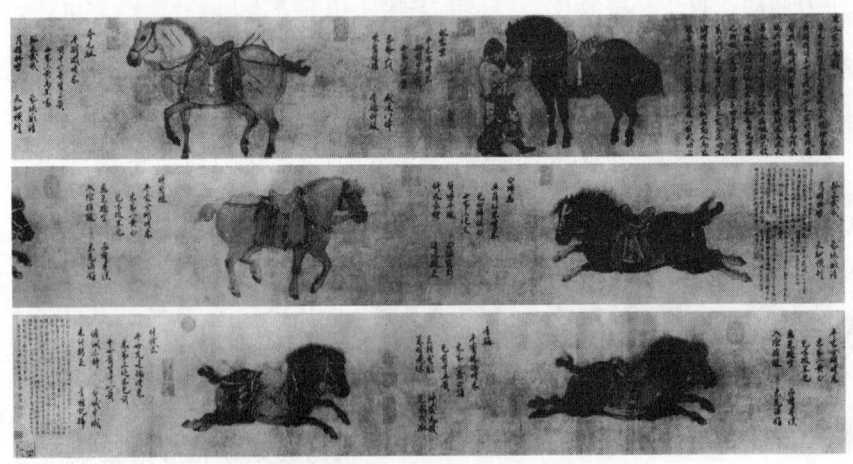

[金] 赵霖《昭陵六骏图》

三万里河东入海，五千仞岳上摩天。

遗民泪尽胡尘里，南望王师又一年！（《秋夜将晓出篱门迎凉有感》）

黄河滚滚东流，翻卷入海，华山昂然挺立，直刺苍穹，大好河山是如此雄伟，现在却沦为敌手，致使中原父老"泪尽胡尘"，何等辛酸；"南望王师"，苦苦企盼，而南宋统治者却把他们忘得干干净净，又是多么悲哀！面对如此惨痛的社会现实，有志之士又怎能不悲愁满怀？

乾道五年（1169年），一直以抗金北伐为己任的爱国词人辛弃疾，担任建康通判（州府行政长官的助理），登上建康的赏心亭，面对江南山水写作了《水龙吟》：

楚天千里清秋，水随天去秋无际。遥岑远目，献愁供恨，玉簪螺髻。落日楼头，断鸿声里，江南游子。把吴钩看了，栏杆拍遍。无人会，登临意。　休说鲈鱼堪脍。尽西风，季鹰归未？求田问舍，怕应羞见，刘郎才气。可惜流年，忧愁风雨，树犹如此！倩何人、唤取红巾翠袖，揾英雄泪！

［明］项圣谟《剪越江秋图》

千里清秋中的江南，水天一色，苍茫无涯；远山如画，有似玉簪发髻，可以说是一派大好河山。然而，在词人看来，却令人悲愁满怀，遗恨无限。因为词人原本希望抗金杀敌，收复中原，现在却成为不受重用、无人理解的"江南游子"。面对落日余晖、孤雁哀鸣的景象，只有为国势垂危而忧虑，为壮志难酬而悲伤。

然而，像胡世将、张孝祥、辛弃疾这样的仁人志士的愤激讽责，慷慨悲歌，并未唤醒一味苟且妥协、屈膝投降的南宋统治者。他们偏安一日，且过一日，最终将江南的大好江山拱手送给了蒙古族统治者。宋恭帝德祐二年（1276年）正月，南宋朝廷投降元蒙军。二月，元蒙军统帅伯颜率军队进驻湖州（今浙江吴兴），派人到临安向太后索取她命令南宋所有州郡降元的诏书。同时封府库、收图书，解除南宋朝廷官员的职务，解散朝廷侍卫军队。三月，伯颜武装押送年仅六岁的幼主赵㬎、太后谢氏、宫女、侍臣、乐官北去。谢太后的琴师汪元量同行，在北上途中写下向有"诗史"之誉的《湖州歌九十八首》，记述宋帝降元，被押送北上的经历。其六写道：

北望燕云不尽头，大江东去水悠悠。
夕阳一片寒鸦外，目断东南四百州。

这是汪元量北去途中经过长江时的深长感慨。眼前江水东流，依然悠悠不断，令人伤感南宋王朝无法挽回的覆灭形势。触景生情，抬头"北望"，满眼是早已沦陷的北方土地，真令人顿生茫茫之感；回首故国，但见夕阳西下，寒鸦点点，不仅自己告别故土，而且这一片故土也同样将沦落他人，情何以堪！

历史的教训表明，每当统治者腐败无能，荒淫无度，不思进取，苟且偷安，总是把好端端的赤县神州弄得山河破碎，直至江山易主。因此，国破家亡的悲歌并不限于南宋一朝，而是贯穿着整个中国的历史进程。在宋朝灭亡数百年前，南唐后主李煜偏安于江南，沉醉声色歌舞，最终免不了做宋太宗赵匡义的俘虏而后悔莫及：

四十年来家国，三千里地山河。凤阁龙楼连霄汉，玉树琼枝作烟萝。几曾识干戈？　　一旦归为臣虏，沈腰潘鬓消磨。最是仓皇辞庙日，教坊犹奏别离歌，垂泪对宫娥！（《破阵子》）

　　数百年以后，明朝末年的统治者被清军打败。江山易主，物是人非。抗清复明的爱国志士又唱起这样的悲歌：

　　锦样江山，何人坏了？雨瘴烟峦。故苑莺花，旧家燕子，一例阑珊！　　此身付与天顽，休更问秦关汉关。白发镜中，青萍匣里，和泪相看！（张煌言《柳梢青》）

　　再过数百年，大清帝国面对西方资本主义列强的侵略，节节退让，文明古国被人瓜分豆剖，赔款、割地、丧权辱国，大好江山遭受前所未有的劫难。任何有气节的炎黄子孙，都不得不像黄节在《庚子重九登镇海楼》诗中那样发出深沉的浩叹——"陆沉何日起神州！"

三　待从头，收拾旧山河

　　中华民族是一个伟大的民族，每当战乱不已、山河破碎的时候，总是有无数的仁人志士挺身而出，英勇奋斗。

　　西晋末年，中原战乱，王室渡过长江，在我国东南地区建立了东晋王朝。每当风和日丽，鲜花盛开，过江名士便相邀至山水佳处聚会。一次，王导、周顗等聚会新亭。面对风景如画的江南山水，想到中原大地已沦为敌手，周顗不禁感叹道："风景不殊，正自有山河之异！"大家都忧伤地流下眼泪。王导愀然改容，厉声说道："大家应当齐心协力，辅佐王室，克复神州。何至于作楚囚相对，哭哭啼啼？"（《世说新语·言语》）王导是东晋名臣。西晋末年，王导为琅邪王司马睿献策移镇建康

(今江苏南京)。大兴元年(318年),司马睿称帝,是为元帝,王导任丞相,历仕元、明、成三帝。王导的业绩主要在于他将南迁士族与江南士族联合起来,稳定了东晋在南方的统治。在当时真正倡导北伐中原,收复失地的,则要推东晋名将祖逖。

祖逖(226—321年),字士稚,范阳遒县(今河北涞水县北)人。自幼好侠尚节,二十四岁曾与刘琨同辟司州主簿,两人立志为国尽力,半夜鸡叫,就起身操演武艺。西晋末年率领亲党数百家南移。大兴元年(318年),祖逖向晋元帝请求北伐,元帝任命他为奋威将军、豫州刺史。祖逖率部横渡长江,敲打着船桨发下誓言:"祖逖不能清中原而复济者,有如大江!"(《晋书·祖逖传》)表现出誓死收复失地报效国家的慷慨志节。祖逖所部在向北推进的过程中,得到各地人民的响应,顺利进屯雍丘(今河南杞县),收复黄河以南地区。其时匈奴刘曜和羯族石勒互相攻击,对于东晋进一步扩大战果相当有利,奈何东晋内部纠纷

[唐] 韦偃《双骑图》

迭起，对祖逖不加支持，忧愤疾病一起向祖逖袭来，使他抱憾而终。尽管祖逖没有实现扫清中原的誓言，但是他那"闻鸡起舞"的奋发精神，"中流击楫"的激烈壮怀，却鼓舞着一代又一代的爱国志士为报效国家而英勇奋斗。

八百年以后，崛起于白山黑水之间的女真民族以其精兵健马迅速灭亡了辽朝和北宋，饮马黄河，入主中原，接着又驱马南侵，将战火烧到江淮、川陕，与保有半壁河山的南宋王朝展开了长期的战争。面对女真贵族的屠杀、掠夺与奴役，以汉族为主体的各族人民进行了长期的反抗侵略的斗争，涌现出一大批英雄人物，岳飞就是其中的杰出代表。

岳飞（1103—1141年），字鹏举，相州汤阴（今属河南）人。二十岁起在八年的时间里先后四次从军，转战黄河南北，逐渐成长为一名坚强的抗金将领。他背刺"精忠报国"四字，主张抗击金人，收复中原。建炎三年（1129年），金军渡江南进，岳飞移师广德、宜兴等地，坚决抵抗。次年春，在南宋军民的顽强抵抗下，金军被迫北撤，岳飞则率领所部攻击金军后队，收复建康（今江苏南京）。绍兴三年（1133年），金军又利用其傀儡政权伪齐的军队攻占襄阳和郢州，在南宋的长江防线上撕开一个大缺口。次年初，为了收复襄阳和郢州，岳飞主动请缨，挥师北伐。四月，岳飞率部由江州向鄂州挺进，然后由鄂州渡江，兵锋所指郢州。船至江心，岳飞击楫中流，慷慨发誓："飞不擒贼帅，复旧境，不涉此江！"（《宋史·岳飞传》）经过三个月的战斗，岳飞挥师收复和攻克了郢州、随州、邓州、唐州、襄阳府、信阳等襄阳六郡，取得南宋立国八年以来第一次胜利北伐的光辉战绩。宋高宗任命他为清远军节度使。这时的岳飞，壮怀激烈地吟出了古代中国的爱国主义绝唱——《满江红》：

怒发冲冠，凭栏处，潇潇雨歇。抬望眼，仰天长啸。壮怀激烈。三十功名尘与土，八千里路云和月。莫等闲、白了少年头，空悲切。

靖康耻，犹未雪；臣子恨，何时灭？驾长车，踏破贺兰山缺。壮志饥餐胡虏肉,笑谈渴饮匈奴血。待从头,收拾旧山河,朝天阙。

为了"从头收拾旧山河",绍兴六年(1136年)七八月间,岳飞挥师北上,进行第二次北伐,连克镇汝、虢州、商州,扫荡颍昌府、蔡州,使洛阳为之震动,但因供给匮乏,战果不太理想,最后只好班师南撤,屯驻鄂州。同年九月,金齐联军开始反扑,进攻淮西,十一月,又进攻江汉。接到前线警报,岳飞立即抱病渡江,率部反击,粉碎了敌人的进攻,使敌军闻之丧胆。然而,宋高宗和秦桧等权奸屈膝苟安,不顾民族大义,于绍兴九年(1139年)与金王朝达成第一次绍兴和议。尽管岳飞接二连三地上奏,重申收复燕云、雪洗奇耻的宏誓,宋高宗、秦桧等人却置之不理。

绍兴十年(1140年)五月,金王朝撕毁和约,大举进攻南京,金

[清] 郎世宁《百骏图》

军统帅兀术亲率精兵十余万进犯河南，直抵汴京。岳飞率部反击，兵临黄河，连克数十城，迅速扫清汴京外围敌军，然后在郾城、颍昌两地同金军展开大会战。经过反复搏杀，终于大败金军，收复郑州、洛阳等地。这年七月，岳飞打算直扑开封，以便消灭屯集在开封城西南朱仙镇的金军残部，而宋高宗、秦桧却一心求和，竟然下令退兵。一天之内，岳飞接连收到十二道用"金字牌"递发的班师回朝诏书。岳飞心痛不已，连呼："十年之功，废于一旦！"然而他又不敢违令，只好忍痛南撤。回到临安，岳飞被解除兵权，任枢密副使。次年十二月二十九日，秦桧以"莫须有"

[明] 黄济《砺剑图》

（也许有）的罪名将岳飞杀害。岳飞含冤辞世，然而他那"长驱渡河洛，直捣向燕幽"（《送紫岩张先生北伐》）的壮志理想，他那"精忠报国"的爱国主义精神，却长存于天地之间，给后来人以莫大的激励。岳飞辞世不长，又涌现出陆游、辛弃疾等一批抗金爱国的坚强志士。

陆游和辛弃疾都是在南宋初年的战乱岁月中成长起来的爱国志士，在他们的一生当中，都坚决主张抗金北伐，收复中原失地。淳熙七年（1180年），陆游五十六岁，想起从军剑南那段"铁马秋风大散关"的战斗生活，情不自禁地梦见"从大驾亲征，尽复汉唐故地"：

　　天宝胡兵陷两京，北庭安西无汉营。
　　五百年间置不问，圣主下诏礼亲征。
　　熊罴百万从銮驾，故地不劳传檄下。
　　筑城绝塞进新图，排仗行宫宣大赦。

冈峦极目汉山川,文书初用淳熙年。
驾前六军错锦绣,秋风鼓角声闻天。
苜蓿峰前尽亭障,平安火在交河上。
凉州女儿满高楼,梳头已学京都样。(《五月十一日夜且半,梦从大驾亲征,尽复汉唐故地》)

[明]项圣谟《大树风号图》

在陆游的想象中,重归一统的祖国山川,极目远望,冈峦起伏,壮丽非凡。而辽阔的疆域政令归一,颁行全国的文书都在用孝宗的淳熙年号。人人都曾梦寐以求的理想,一旦变成现实,怎能不上下欢腾呢?君不见随驾的六军将士,衣着锦绣,五彩相错!君不闻劲烈的秋风中,欢声笑语,鼓角喧天!遥远边境上遍历堡垒,加强防务,夜举烽火,永保平安。失而复得的凉州(今甘肃武威)城内,姑娘们满座高楼,临街梳妆,已是一片太平景象。

无独有偶,辛弃疾也曾梦见自己统帅大军开赴前线奋勇杀敌:

醉里挑灯看剑,梦回吹角连营。八百里分麾下炙,五十弦翻塞外声。沙场秋点兵。

马作的卢飞快,弓如霹雳弦惊。了却君王天下事,赢得生前身后名。可怜白发生!(《破阵子·为陈同甫赋壮词以

寄之》)

淳熙十五年（1188年），辛弃疾退居上饶带湖，爱国志士陈亮来访，二人同游鹅湖，诗词唱和，相谈甚欢。陈亮走后，辛弃疾余兴未尽，特意写下这首词相寄。从内容上看，这是一首记梦词。在梦中，辛弃疾驰骋沙场，功成名就。在抗敌前线，"吹角连营"，将军沙场点兵，在悲壮的军乐声中，气概豪迈地麾下分炙，显示出必胜的信心。战斗一打响，将军披坚执锐，冲锋陷阵，与敌人展开激烈的鏖战，最后痛歼顽敌，大获全胜，完成了统一祖国的大业，实现了青史留名的壮志。

[元] 刘贯道《元世祖出猎图》

这种誓死抗击外来侵略者、捍卫祖国河山的精神，始终流淌在炎黄子孙的血脉里。明朝中叶，倭寇在东南沿海进行骚扰，著名爱国将领戚继光、俞大猷率领大军转战江、浙、闽、粤、赣，屡立战功，终于解除东南海患。与此同时，他们横槊赋诗，用诗篇记录抗击倭寇、捍卫河山的英雄业绩：

倚剑东冥势独雄，扶桑今在指挥中。
岛头云雾须臾尽，天外旌旗上下翀。
队火光摇河汉影，歌声气压虬龙宫。
夕阳景里归篷近，背水陈奇战士功。（俞大猷《舟师》）
春雨下危樯，烟波正渺茫。
好山当幕府，壮士换天潢。
鸟立林边石，人归海上航。

> 驱驰还我辈，不惜鬓毛苍。（戚继光《船厂阻雨》）

俞大猷的《舟师》慷慨激昂地颂扬水师将士与倭寇在海上战斗的浩大声势与辉煌战绩，戚继光的《船厂阻雨》满怀喜悦地描绘茫茫春雨中抗倭将士从海上返航的豪迈情景。两诗合看，俨然抗倭战斗过程的生动再现。

近代以来，帝国主义列强不断入侵，清朝统治者腐败无能，中国的大好河山面临被西方列强瓜分豆剖的危险。在这国家、民族的生死存亡关头，爱国志士又一次发出愤怒悲壮的吼声，唱彻激越高昂的山河颂歌。

1894年，中国在同日本作战的甲午海战中惨遭失败，次午二月，北洋舰队在威海卫更是全军覆没。战争过后，文廷式乘船经过洞庭湖，面对祖国的大好河山，慷慨激昂地吟出了这样的诗句：

> 舟人祷福祀灵君，我有狂言愿彻闻：
> 借取重湖八百里，肄吾十万水犀军！（《过洞庭湖》）

洞庭湖烟波浩渺，波涛汹涌，来往船家为了平安无事地渡过洞庭，都纷纷祭祀水神，乞求福佑。诗人却肆无忌惮地表示：要借用洞庭水神的八百里湖水，来训练自己的十万水军。热爱祖国，奋发有为的壮心豪气，凛然如生！

十年以后，爱国

［明］商喜《关羽擒将图》

志士秋瑾从日本回国，舟行黄海，有人告诉她日俄海战的地方，又看到一张日俄战争地图，胸中慨然有感，适值日人银澜使者索诗，即兴写下《黄海舟中日人索句并见日俄战争地图》这首著名的诗篇：

> 万里乘风去复来，只身东海扶春雷。
> 忍看图画移颜色？肯使江山付劫灰！
> 浊酒不销忧国泪，救时应仗出群才。
> 拼将十万头颅血，须把乾坤力挽回。

秋瑾于1904年和1905年两次东渡日本留学。当时，日本与沙皇俄国为了瓜分中国东北，在东北境内进行了一场帝国主义的日俄战争。诗人怎能忍心看着祖国的神圣领土改变颜色，而让大好河山被侵略者的战火烧成灰烬？因此，诗人1905年12月第二次归国后，立即投身挽救民族危亡、匡扶祖国河山的革命事业，成为中国近代史上了不起的巾帼英雄。

在中国的历史上，正是有着无数像祖逖、岳飞、陆游、辛弃疾、戚继光、俞大猷、文廷式、秋瑾这样的仁人志士，在民族危亡、山河破碎的时刻挺身而出，英勇奋战，直到抛头颅、洒热血，才使中华民族历经沧桑而依然傲立于世界民族之林，才使神州大地的山山水水如此多娇，如此神奇，充满魅力！

后 记

18世纪末19世纪初的德国诗人荷尔德林曾这样歌吟："人充满劳绩/但还/诗意地栖居在这片大地上"经过当代德国哲学家海德格尔的深入阐释，"诗意地栖居"早已成为传诵世界的名言警句。假如要用一句话来为《仁智的乐趣——山水泉石》做个简明扼要的总结，恐怕非"诗意地栖居"莫属。

海德格尔认为，"诗意地栖居"是"人用神性度量自身"（海德格尔《荷尔德林诗的阐释》，孙周兴译，商务印书馆，2000年），而"神性乃是人借以度量他在大地之上、天空之下的栖居的'尺度'。唯当人以此方式测度他的栖居，他才能够按照其本质而存在"（海德格尔《演讲与论文集》，孙周兴译，北京三联书店，2005年）。在此意义上，栖居并不是说人的日常居住，而是说人的灵魂所在和本真生存状态。

诚然，由于中西文化的异质性，不能简单地在"诗意地栖居"这个哲学命题与"仁智的乐趣——山水泉石"之间划等号。但是，中国文人士大夫寄情寓意于山、水、泉、石的生活方式与生命情态，的确不愧是一种"诗意地栖居"。只不过海德格尔所说的"诗意地栖居"与"神性"相连，是人诗意栖居于天、地、人、神所构成的四重世界；而"仁智的乐趣——山水泉石"与"自然"相连，是人诗意地栖居于天、地、人、自然所构成的四重世界。除了"神性"与"自然"有所不同，无论是直观的语意，还是深沉的蕴含，两者之间实在找不出太多的差别。

1994年，上海东方出版中心出版刘小枫主编的《人类困境中的审美精神——哲人诗人论美文选》，其中有陈维纲翻译海德格尔谈论"诗意地栖居"的专文。从此，"诗意地栖居"开始在汉语世界得到传播。

同年 8 月，祝尚书教授、舒大刚教授两位学长约我写作本书。之前，因涉足山水诗的鉴赏，对中国山水文化具有强烈的兴趣，故而欣然应承。经过三百个日夜的紧张努力，次年初夏写出书稿。遗憾的是，当时我并未留意到思想界的这一最新动向，自然就没有提及"诗意地栖居"这个命题。

当今世界，工具理性压倒价值理性，物欲追求压倒精神超越，加上生态危机日益加剧，"诗意地栖居"早已成为人们的普遍愿景。或许正是在这样的背景下，《仁智的乐趣——山水泉石》才有机会再版。本书作为"中国风雅文化"丛书之一，1996 年由四川人民出版社出版，第二年再次印刷。1998 年，台湾双笛国际事务有限公司出版部推出繁体字版"中国风雅文化精选丛书"，本书亦忝列其中。如今承蒙杨耀文先生青睐，北京出版集团文津出版社推出插图本"中国风雅文化"丛书，本书得以新的面貌行世，不胜荣幸。

当初撰写本书，还是三十出头的年轻人，转眼之间就年届半百，不能不顿生"逝者如斯"的慨叹。就个人的学术道路而言，本书的撰写具有特别的意义。本科读的是汉语言文学，硕士期间跟随先师郑临川教授研习古典诗词，毕业后却不得不服从工作需要，转而从事新闻传播学的教学。当年撰写本书，正值个人学术转型的迷茫期。在那样的时刻，本书的写作却是一次艰辛而愉快的经历。说"艰辛"，是因为当时我的学术准备与人生经历还相当稚嫩，不能不在工作之余加倍努力才勉强完成任务；说"愉快"，是因为在写作过程中神游了祖国壮丽的名山大川，分享了前人面对山、水、泉、石而产生的种种情趣，从而使我心胸大为开阔，领悟到社会、人生的许多真谛。就在本书初版的 1996 年，我从电子科技大学人文社科学院调入四川大学文学与新闻学院，从此彻底告别原来所学专业，全身心投入新闻传播学的教学与研究。

历经这些年在新闻传播学界的摸爬滚打，再回头看自己当年的这本"少作"，既倍感亲切，又深感不安。本想做比较大的修改，使书稿更加成熟，奈何精力有限，只能订正个别错误，在字词句方面做些加工润色，偶尔充实某些材料。若要全面修订乃至重写，只能有待将来。当然，这个新版的最大修订，是精心选配了一百三十来幅各种古今名画及碑刻拓片的图片。图文相互补充，相互阐释，庶几可以更充分更形象地再现中国文人士大夫的"山水泉石"情怀，也可以让本书的阅读更加赏心悦目。

郑晓君女士为我搜集了大量相关图片，文津出版社责任编辑对书稿作了精心编校，美术编辑为本书设计了精致的封面，特别是杨耀文先生对丛书出版的策划与组织，都令我十分感动，谨致以衷心的谢忱！

董天策
2013 年春 于重庆